LES
CITÉS GALLO-ROMAINES

DE

LA BRETAGNE

PAR

M. Auguste LONGNON

ATTACHÉ AUX TRAVAUX DE LA COMMISSION DE TOPOGRAPHIE DES GAULES

(Extrait du volume des Mémoires du Congrès Scientifique de France,
38ᵉ Session, tenue à Saint-Brieuc en 1872).

SAINT-BRIEUC

IMPRIMERIE GUYON FRANCISQUE, LIBRAIRE

4, Rue Saint-Gilles, 4

1873

LES
CITÉS GALLO-ROMAINES

DE

LA BRETAGNE

PAR

M. Auguste LONGNON

ATTACHÉ AUX TRAVAUX DE LA COMMISSION DE TOPOGRAPHIE DES GAULES.

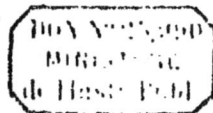

(Extrait du volume des Mémoires du Congrès Scientifique de France,
38ᵉ Session, tenue à Saint-Brieuc en Juillet 1872.)

SAINT-BRIEUC

IMPRIMERIE GUYON FRANCISQUE, LIBRAIRE

4, RUE SAINT-GILLES, 4.

LES

CITÉS GALLO-ROMAINES DE LA BRETAGNE,

Par M. Auguste LONGNON,

ATTACHÉ AUX TRAVAUX DE LA COMMISSION DE TOPOGRAPHIE DES GAULES.

INTRODUCTION.

Parmi les sujets proposés à la Section d'Histoire et d'Archéologie du Congrès Scientifique de 1872, on remarque la topographie des cités gallo-romaines de la Bretagne. La Direction du Cong.ès semble avoir compris cette question dans son sens le plus étendu, en demandant « l'esquisse d'une carte » gallo-romaine de la Bretagne, indiquant les découvertes » successivement constatées par des observateurs conscien- » cieux. »

Le programme ainsi entendu est d'une exécution fort difficile : nous laisserons donc à d'autres personnes plus autorisées que nous le soin de traiter la question au point de vue des vestiges d'établissements de l'époque romaine ; notre but est simplement de fixer le nombre des *civitates* qui composaient la Bretagne et nous étudierons ensuite leurs limites. Mais il importe, pour remplir ce cadre, de se placer à une date bien déterminée, afin de ne pas confondre les époques. Le nombre et, par conséquent, les limites des cités n'étant pas les mêmes au cinquième siècle qu'à l'époque de César, il nous a semblé que nous rentrerions mieux dans la pensée du Congrès en choisissant l'époque de la chute de l'empire romain.

Nous avons, pour cette époque, un cadre précieux pour nos recherches : c'est la *Notitia provinciarum et civitatum Galliæ*, rédigée sous le règne d'Honorius, c'est-à-dire vers les dernières années du quatrième siècle ou les premières années du cinquième. Mais on ne peut pas, pour la Bretagne, agir comme pour les autres parties de la France et chercher les limites des *civitates* gallo-romaines dans celles des anciens diocèses ? Chacun sait, en effet, que les diocèses subsistant encore en 1789 devaient, pour la plupart, leur circonscription à la politique d'autonomie nationale poursuivie par Noménoé et ses successeurs au milieu du neuvième siècle, et plusieurs de ces diocèses, Saint-Brieuc, Tréguier et Saint-Malo (autrefois Alet), avaient été institués par le premier de ces princes.

A la difficulté résultant des événements politiques, il faut joindre celle que produit la pénurie des textes, à la fois précis et contemporains, relatifs à l'histoire civile et ecclésiastique de la Bretagne avant Noménoé. De là force hypothèses plus ou moins ingénieuses, basées presque toujours sur des idées préconçues.

PREMIÈRE PARTIE.

I.

Du nombre des civitates de la péninsule armoricaine et de leurs noms.

La *Notice des provinces et des cités de la Gaule*, qui, de l'aveu de tous les savants, représente les divisions administratives de la Gaule au commencement du ve siècle, nous apprend que toute la Bretagne actuelle était comprise dans la Troisième Lyonnaise, dont Tours était la métropole. La Troisième Lyonnaise était composée de neuf cités, qui y sont désignées dans l'ordre suivant : *Metropolis civitas Turonum, civ. Cenomannorum, civ. Redonum, civ. Andecavorum, civ. Namnetum, civ. Corisopitum, civ. Venetum, civ. Ossismorum, civ. Diablintum*. L'œil le moins exercé reconnaît de suite, parmi ces neuf circonscriptions, les dénominations de six villes épiscopales qui subsistaient encore, avec cette qualité, au moment de la Révolution ; ce sont Tours, Le Mans, Rennes, Angers, Nantes et Vannes. Aucune discussion ne peut donc s'élever au sujet de la situation de ces cités, dont trois, Tours, Le Mans et Angers, restèrent toujours étrangères à la Bretagne, tandis que les efforts de Noménoë rattachèrent les évêchés de Rennes, de Nantes et de Vannes à son royaume. On ne peut malheureusement pas établir aussi facilement l'identité des *civitates* de *Corisopitum*, des *Ossismii* et des *Diablintes*. La présence du nom de *Corisopitum* parmi les cités de la Troisième Lyonnaise a même donné naissance à une hypothèse que justifiait certainement la date relativement moderne des plus anciens manuscrits de la *Notitia* alors connus.

Nos connaissances bibliographiques ne nous permettent pas de dire quel est l'auteur qui, le premier, tenta de montrer que la présence de la *civitas Corisopitum* dans la *Notitia* constituait une correction des copistes du ixe siècle, lesquels, subissant l'influence de l'organisation épiscopale de cette époque, auraient cru devoir donner ce nom à la civitas *Curiosolitum*. Cependant, nous ferons remarquer que, dès le xviie siècle, un de nos savants les plus autorisés était presque arrivé à ce résultat: nous voulons parler d'Adrien de Valois qui, assignant le diocèse de Quimper (*diocesis Corisopitensis*) pour résidence aux *Curiosolitæ* de César, juge sévèrement le changement de ce nom de *Curiosolites* en *Coriosopites* ou *Corisopites*, et il fait remarquer avec raison que si, chez les peuples latins, l'*l* s'est souvent changé en *u*, jamais elle n'est devenue *p*; que, de même, le *p* est fréquemment devenu *b* ou *v*, mais que, dans aucun cas, il ne s'est changé en *l* [1]. Il rapporte ensuite, comme preuve de la persistance de la forme *Curiosolitæ* au moyen-âge, un passage d'Eginhard que visent également nos contemporains.

Au temps de Valois, la question n'était ni aussi grave ni aussi complexe qu'elle l'est aujourd'hui. On s'accordait à considérer les deux noms comme identiques, tout en s'étonnant de leur dissemblance apparente. Mais la découverte importante des ruines d'une ville gallo-romaine, faite en 1709, à Corseult, village du diocèse de Saint-Malo [2], révéla au monde savant le véritable emplacement de la capitale des *Curiosolites*, dont *Corseult* conservait le nom presque intact. Quelques écrivains du xviii° siècle, ne se rendant pas un compte exact de la question, continuèrent cependant, tout en considérant Corseult comme le chef-lieu des Curiosolites, de désigner le diocèse de Quimper comme leur territoire [3]; mais les véritables savants ne doutèrent plus dès lors de la parfaite indépendance de ces deux noms, et d'Anville ne voyait dans la *civitas Corisopitum* qu'un démembrement de la cité des *Ossismii* [4].

Dans notre siècle, quatre infatigables érudits, MM. Bizeul [5], de La Borderie [6], de Courson [7] et Halléguen [8], se sont fait remarquer par leur ardeur à vouloir corriger la *Notitia*. Suivant eux, la *civitas Corisopitum* figurerait à tort dans ce document, où, par suite de

1. Valois, *Notitia Galliarum*, p. 106.

2. *Histoire de l'Académie des Inscriptions et Belles-Lettres*, t. I, p. 205 - 208.

3. D. de La Martinière, *Le grand Dictionnaire géographique, historique et critique*, t. II de l'édition de 1768, p. 564.

4. *Notice de l'ancienne Gaule*, p. 249 et 509.

5. *Bulletin de l'Association bretonne*, t. IV, 2° partie. Le travail de M. Bizeul est intitulé : *Alet et les Curiosolites*.

6. *Nouvelle opinion sur le nom de Corisopitum donné à Quimper*, dans l'Annuaire histor. et archéol. de Bretagne, ann. 1861, p. 100 - 176.

7. *Cartulaire de l'abbaye de Redon*, introduction, p. CCCLIX-CCCLXVI (mémoire intitulé : *Des Curiosolites de César et des Corisopistes de la Notice des provinces*).

8. Halléguen, *La Cornouaille et Corisopitum*, in-8° de 47 p., 1861.

l'ignorance des copistes, elle aurait remplacé au IX° siècle la *civitas Curiosopitum*. Nous devons avouer qu'en lisant surtout la *Nouvelle opinion de M. de La Borderie sur le nom de Corisopitum donné à Quimper et sur la colonisation de la Cornouaille par les Bretons insulaires*, on ne peut se défendre de donner raison au savant historien breton, et je partagerais sans doute encore son sentiment, sans la connaissance d'un très-ancien manuscrit de la *Notitia*. Mais il importe de préciser la question.

En 1832, M. Guérard reproduisit *Notitia provinciarum et civitatum Galliæ*, d'après le recueil de Dom Bouquet, en l'accompagnant des variantes de vingt-cinq manuscrits de la Bibliothèque royale, dont les plus anciens datent du IX° siècle [1]. Or, quatre manuscrits de la *Notitia* (dont seul, le manuscrit E 2123 du fonds latin, remonte au IX° siècle, donnent pour la *civitas Corisopitum* les variantes *Consulitum*, isolitum, Consolitum et Coriosolitum vel Corisopitensium*, qui indiquent, à n'en pas douter, que, pour quelques-uns, ou tout au moins pour un des copistes de la *Notitia*, la bonne leçon était certainement *Curiosolitum*. C'est de cette variante, adoptée par la sixième partie à peine des manuscrits de Paris, que M. de La Borderie a tiré les conséquences les plus graves. Pour lui, comme autrefois pour M. Bizeul, comme alors pour MM. Halléguen et de Courson, *civitas Coriosolitum* ou *Coriosolitum* était la bonne leçon, tandis que *Corisopitum* ne pouvait être qu'une erreur, « car, on n'admettra jamais, dit-il, qu'un peuple mentionné » par Pline et César comme une des principales tribus de l'Armori- » que, ait disparu tout à coup sans que rien explique sa disparition, » pendant qu'un autre peuple aurait surgi, dont ni César ni aucun » auteur ancien ne dit un seul mot [2]. » Cependant, ce que M. de La Borderie regarde comme impossible se manifeste en plus d'un point de la Gaule ; mais nous ne devons pas anticiper sur la discussion et nous continuerons à exposer la thèse du savant auteur breton.

Les noms de *Corisopitum* et de *diocesis Corisopitensis*, donnés au moyen-âge à Quimper et à son diocèse au moins depuis le IX° siècle suivant M. de La Borderie, seraient dus aux Bretons insulaires qui, établis vers la fin du V° siècle chez les *Osismii*, auraient donné à une ville fondée par eux le nom d'une localité de la Bretagne insulaire ;

1. *Essai sur les Divisions territoriales de la Gaule*, p. 12-34.
2. *Annuaire histor. et archéolog. de Bretagne*, année 1861, p. 163.

cette localité, que l'Itinéraire d'Antonin nomme *Coriosopitum*, serait aujourd'hui, au dire des savants anglais, *Corbridge*, en Northumberland. L'analogie complète du nom de la ville bretonne et de la dénomination latine de Quimper est pour M. de La Borderie [1], comme pour M. de Courson [2], un indice de l'origine d'une partie des premiers Bretons établis en Cornouaille.

La thèse de M. de La Borderie était fort soutenable, du moment que la *Notitia* ne nous était connue que par des manuscrits dont aucun n'était antérieur au ixe siècle. En effet, à cette date, l'évêché de *Corisopitum* (Quimper), en ne le considérant que comme un évêché d'origine bretonne, c'est-à-dire comme ne remontant qu'au commencement du vi[e] siècle, comptait néanmoins trois siècles d'existence, et son nom, grâce à la notoriété qui s'attache dans le monde ecclésiastique aux noms des sièges épiscopaux, aurait pu remplacer, dans la *Notitia*, le nom de la *civitas Curiosolitum* qui, aux yeux de copistes ignorants de l'antiquité, pouvait passer pour une erreur. Mais nous sommes aujourd'hui en mesure de démontrer que le contraire eut lieu. Nous avons examiné, à la Bibliothèque nationale (fonds latin, n° 12097), un manuscrit de conciles dont la date, en dehors de l'écriture, est fournie par une liste des souverains pontifes s'arrêtant au pape Vigile (537-555), et ce manuscrit se termine par une copie de la *Notitia*, où la prétendue cité des Curiosolites est appelée *Coriosopotum* [3]. Ce témoignage de l'antiquité de

1. *Annuaire hist. et archéol. de Bretagne*, ann. 1861, p. 167 et suiv.
2. *Cartulaire de l'abbaye de Redon*, introd., p. ccclxiv.
3. Ce manuscrit est attribué au vi[e] siècle par M. Léop. Delisle, dans son Inventaire des manuscrits latins du fonds de Saint-Germain-des-Prés (*Biblioth. de l'École des chartes*, 6e série, t. III, p. 349); mais nous ne croyons pas inutile de donner ici quelques détails qui viennent à l'appui de la date qu'on lui assigne. Le manuscrit du fonds latin (ancien 936 du fonds de Saint-Germain) peut se diviser en deux parties, remontant toutes deux au vi[e] siècle; la première partie, terminée par la *Notitia civitatum*, est cependant de quelque peu la plus ancienne. Cette première partie, comprenant les folios 1 à 142, ne renferme pas de documents postérieurs à l'an 535; voici la liste chronologique de ceux qui concernent les églises de Gaule : Canons du concile d'Arles de 314 (f° 87); lettre du pape Innocent à Victrice, évêque de Rouen, de 404 (f° 20); lettre du même à Exupère, évêque de Toulouse, de 405 (f° 25); lettre du pape Célestin aux évêques de la Viennoise et de la Narbonnaise, de 422 à 432 (f° 30); lettre du pape Léon à Rusticus, Ravennius, Venerius et autres évêques de Gaule, de 452 (f° 103); lettre du même à Théodore,

la leçon *Corisopitum* est d'une importance qui n'échappera à personne, car il est impossible d'admettre qu'en 580 environ (c'est la date qu'on doit assigner à cet exemplaire de la *Notitia*), on ait déjà pu opérer la confusion d'un nom de peuple ancien avec celui d'une ville dont la fondation, dans l'hypothèse de M. de La Borderie, était toute récente, et dont le nom, par conséquent, n'aurait guère été connu, à cette date, en dehors de la Bretagne. Nous sommes moralement certain qu'en face de ce document, M. de La Borderie lui-même abandonnerait sa théorie sur l'origine du nom de *Corisopitum*.

Devant le témoignage de cet ancien manuscrit de la *Notitia*, nous sommes contraint de retourner la proposition et d'attribuer à des demi-savants du ix° siècle, qui connaissaient mieux César que les divisions ecclésiastiques de leur temps, la correction de l'ancienne leçon *Coriosopitum* en celle de *Curiosolitum* fournie par quelques manuscrits. Cette correction, dictée par une érudition douteuse, n'est, du reste, pas la seule de ce genre que se soient permise les copistes de la *Notitia*. Nous pouvons en citer une plus intempestive : c'est l'intercalation dans ce document, dès le viii° siècle, du nom d'*Autricum* entre la *civitas Antissiodorum* et la *civitas Tricassium* [1]. L'interpolateur considérait sans doute *Autricum* comme une glose du nom d'*Antissiodorum*, ville à laquelle quelques écrivains du moyen-âge attribuent en effet l'ancien nom de la capitale des Carnutes [2].

évêque de Fréjus (f° 119) ; lettre du même envoyée en Gaule et en Espagne pour la fête de Pâques, de 455 (f° 118) ; lettre de Paulin à l'évêque Faustus, de 462 à 490 environ (f° 92) ; statuts du concile d'Auvergne de 535 (f° 139). Ainsi, cette partie du manuscrit qui débute par une liste des souverains pontifes s'arrêtant à Vigile (537 - 555), ne peut être postérieure au milieu du vi° siècle ; le nombre d'années de pontificat de Vigile qui y est marqué (*Vigilius sedit annos XVII*) ne peut être invoqué contre cette opinion, car il a pu être ajouté à la mort de ce prélat. La deuxième partie du manuscrit n'est pas antérieure au dernier tiers du vi° siècle, car parmi les nombreux textes concernant l'histoire ecclésiastique de la Gaule du v° et du vi° siècle, on en trouve, mais ce sont les plus modernes, qui se rapportent au concile tenu à Paris en 573 (f°s 163 et 167). — Nous parlerons plus amplement de ce manuscrit et du texte de la *Notitia civitatum* qu'il renferme, dans une étude critique que nous préparons sur ce précieux document.

1. Guérard, *Essai sur les Divisions territoriales de la Gaule*, p. 16, aux variantes.

2. L'auteur de la Vie de saint Pélerin, évêque d'Auxerre, donne, en effet, à Auxerre, le nom d'*Autricum* (*Acta Sanct.*, t. III de mai, p. 563).

L'argumentation de M. de La Borderie repose en grande partie, nous l'avons déjà dit, sur l'impossibilité de la disparition subite et inexpliquée des Curiosolites, et de l'établissement d'un autre peuple dont aucun auteur ancien n'aurait parlé : il nous faut donc démontrer que ces deux faits n'ont rien d'étrange.

On pourrait alléguer, en effet, pour expliquer la disparition des Curiosolites, plus d'un exemple analogue. Ainsi, les Calètes et les Véliocasses, qui, les uns et les autres, sont également nommés par César [1], par Pline [2] et par Ptolémée [3], ne paraissent cependant pas dans la *Notitia*; ils ne formaient plus au v° siècle qu'une seule cité, qui devait à *Rothomagus*, ancienne capitale des Véliocasses, son nom de *civitas Rothomagensium*. Un monument d'une autorité indiscutable, une inscription en marbre trouvée à Thorigny-sur-Vire, atteste l'existence de la *civitas Vadicassium*, dont le chef-lieu, retrouvé au commencement du xviii° siècle, dans le bourg de Vieux, près Caen, était encore florissant en 238 [4]; cependant, cette *civitas* ne figure pas dans la *Notitia*, ce qui prouve qu'elle fut annexée, avant le v° siècle, à la *civitas Bajocassium*. On peut rappeler, d'autre part, au sujet de l'apparition tardive de la *civitas Corisopitum*, que la *Notitia civitatum* elle-même contient les noms des nouvelles cités formées de démembrements des anciennes, et dont la première mention, comme *civitates*, se trouve dans ce document. Nous citerons, entre autres, la *civitas Bononensium*, la *civitas Aurelianorum*, la *civitas Autissiodorum*, et la *civitas Ecolismensium*, démembrées des *civitates* des *Morini*, des *Carnutes*, des *Senones* et des *Santones*. La disparition des Curiosolites et l'origine gallo-romaine de la *civitas Corisopitum* n'ont donc rien qui puisse exciter l'étonnement.

Il ne nous reste plus maintenant, au sujet des *Curiosolites*, qu'à faire justice d'une opinion qui, s'appuyant sur un texte des *Annales* dites *d'Éginhard*, tendrait à faire croire que le nom des *Curiosolites* existait encore à la fin du viii° siècle. L'annaliste dit effectivement, sous l'année 786, en parlant de la réduction de la Bretagne cismarine, que, lors de l'invasion de l'île de Bretagne par les Anglos et par les Saxons, une grande partie de ses habitants, passant la mer, vint s'établir dans

1. *Commentarii de bello gallico*, l. II, c. 4; l. VII, c. 75; l. VIII, c. 7.
2. *Historia naturalis*, l. IV, c. 32.
3. Livre II, c. VII, §§ 5 et 8, de sa géographie.
4. *Histoire de l'Académie des Inscript. et Belles-Lettres*, t. 1, p. 291.

les pays des *Veneti* et des *Curiosolitæ* [1]. Mais cette mention n'a pas la valeur que lui attribuent la plupart des érudits bretons, car cette partie des *Annales* paraît devoir être attribuée à Angilbert, abbé de Saint-Riquier et l'*Homère* de la cour de Charlemagne, écrivain versé dans la connaissance des auteurs anciens [2], et qui aura saisi cette occasion d'en faire preuve.

Ainsi, il n'existe aucune raison sérieuse pour substituer la *civitas Curiosolitum* à la *civitas Corisopitum* de la *Notitia*, et nous pouvons dès à présent reconnaître l'emplacement de chacune des *civitates* de la Troisième Lyonnaise. La *civitas Turonum* équivaut à l'ancien diocèse de Tours, la *civitas Cenomannorum* au diocèse du Mans, la *civitas Redonum* au diocèse de Rennes, la *civitas Andecavorum* au diocèse d'Angers, la *civitas Namnetum* au diocèse de Nantes, la *civitas Corisopitum* au diocèse de Quimper, la *civitas Venetum* au diocèse de Vannes, et la *civitas Ossismorum*, suivant toute apparence, aux diocèses de Léon et de Tréguier. Après cette répartition des diocèses de 1789 entre les *civitates* du ve siècle, il nous reste à reconnaître, d'une part, une cité de la Troisième Lyonnaise, la *civitas Diablintum*, dont la situation a été fort controversée avant le milieu du xviiie siècle, et, de l'autre, trois diocèses de la province ecclésiastique de Tours, les diocèses de Saint-Brieuc, de Saint-Malo et de Dol. En l'absence de preuve directe, il nous semble que la critique la plus judicieuse autoriserait l'assimilation de la *civitas Diablintum* aux trois diocèses restés sans emploi. Dans cette hypothèse, ce serait à la *civitas Diablintum* qu'aurait été unie, avant la fin du ive siècle, la *civitas Curiosolitum*. Mais ce n'est pas encore le lieu d'examiner scientifiquement la question de l'emplacement de la *civitas Diablintum*, et nous allons passer à l'examen de la corrélation des cités du ve siècle et des diocèses de la province de Tours à l'époque franque.

1. « Cum et hiemis tempus expletum, et sanctum Pascha in Attiniaco » villa fuisset a rege celebratum, exercitum in Brittanniam cismarinam » mittere constituit. Nam cum ab Anglis ac Saxonibus Brittania insula » fuisset invasa, magna pars incolarum ejus mare trajiciens, in ultimis » Galliæ finibus Venetorum et Coriosolitarum regiones occupavit. » (*Eginhardi Annales*, anno 786).

2. C'est l'opinion que professe, en l'appuyant de très-bonnes raisons, M. Gabriel Monod, directeur-adjoint à l'École Pratique des Hautes-Études.

La Province ecclésiastique de Tours en 848.

L'histoire de la partie de la province ecclésiastique de Tours soumise, dès le commencement du vi⁰ siècle, à la domination des Bretons ne nous est guère connue que par quelques passages des historiens francs et par des Vies de saints bretons. Celles-ci n'étant pas, pour la plupart, antérieures au ix⁰ siècle, ne doivent être considérées que comme des traditions auxquelles l'historien ne peut toujours se fier. Cette absence presque complète de documents authentiques ne permet pas de donner l'état complet du personnel épiscopal de la province de Tours avant l'année 848, date d'une révolution qui allait changer, pour toujours, les noms et les limites de plusieurs de ces évêchés, en établissant trois nouveaux siéges épiscopaux. Nous dressons donc ici un tableau des évêques de la province de Tours à cette époque, en indiquant à quelles *civitates* du v⁰ siècle correspondaient leurs diocèses; les noms des *civitates* y sont donnés sous la forme et dans l'ordre que leur assignent le manuscrit de la *Notitia* du milieu du vi⁰ siècle [1] :

ÉVÊQUES DE LA PROVINCE DE TOURS EN 848.		LUGDUNENSIS TERCIA.
Landramn, évêque de Tours.	—	Metropolis civitas Turinorum.
Aldric, évêque du Mans.	—	Civitas Cenomannorum.
Gernobrius, évêque de Rennes.	—	Civitas Redonum.
Dodon, évêque d'Angers.	—	Civitas Andicavorum.
Actard, évêque de Nantes.	—	Civitas Namenitum.
Félix, *episcopus Corisopitensis*.	—	Civitas Corisopotum.
Susannus, évêque de Vannes.	—	Civitas Venetum.
Liberalis, *episcopus Oximensis*.	—	Civitas Ossismorum.
Salacon, *episcopus Dialetensis vel Aletensis*.	—	Civitas Diablintum.

Ce tableau prouve péremptoirement que les divisions ecclésiastiques eurent un rapport étroit avec la division de l'ancienne province romaine de la Troisième Lyonnaise jusqu'au moment où, par

1. Nous croyons presque inutile de dire que nous avons dressé cette liste à l'aide du *Gallia christiana*.

suite de considérations politiques, Noménoé fonda en Bretagne une église entièrement indépendante de l'Eglise franque et détruisit, par conséquent, l'unité de la province de Tours. On aura certainement remarqué que les noms des évêchés correspondaient même presque complètement aux noms des *civitates*, et il en fut ainsi jusqu'en 848. C'est alors que Noménoé, qui ne dominait pas encore sur les diocèses de Rennes et de Nantes, songea à créer une Eglise véritablement bretonne, afin d'assurer l'autonomie du nouvel État breton, dont Charles le Chauve avait reconnu l'existence en 846. Pour atteindre ce but, il lança contre les quatre évêques de son royaume l'accusation de simonie, et réunit en 848, au monastère de Saint-Sauveur de Redon, une grande assemblée d'ecclésiastiques et de laïques qui déposa les prélats convaincus d'avoir conféré les ordres sacrés à prix d'argent. Suivant une relation de ces événements, découverte au monastère du Mont-Saint-Michel, relation que Mabillon pense avoir été composée en 849 au concile de Tours pour être adressée au pape Nicolas Ier [1], ces quatre prélats étaient Subsannus, évêque de Vannes (*Venetensis*); Salacon, évêque d'Alet (*Aletensis*); Félix, évêque de Cornouaille (*Corisopitensis*), et Libéral, évêque de Léon (*Oximensis*). « Pensant bien, dit cette relation, que les évêques qu'il avait élus » (pour remplacer les évêques destitués) ne pouvaient espérer la » bénédiction du métropolitain de Tours et que, par crainte du roi » (des Francs), le métropolitain refuserait même de les recevoir, » Noménoé s'arrangea ainsi: des quatre diocèses, il fit sept évêchés. » L'un d'eux, établi au monastère de Dol, eut le rang d'archevêché, » et les monastères de Saint-Brieuc et de Saint-Tugdual devinrent » aussi le siège d'évêchés. Il plaça, dans chacun de ces trois monas- » tères, un évêque usurpateur, et laissa les quatre autres sièges dans » chacune des anciennes villes épiscopales. La province de Tours, » ainsi démembrée, Noménoé réunit *ses évêques* au monastère de » Dol et il s'y fit sacrer roi [2]. »

Nous avons tenu à rapporter cette révolution, bien que succincte- ment, pour rappeler qu'on ne doit pas tenir compte de l'existence prétendue des évêchés de Saint-Brieuc et de Tréguier, antérieure- ment à Noménoé. Les fondateurs de ces monastères, saint Brieuc

1. Mabillon, *Acta Sanctorum ordinis sancti Benedicti*, sæc. IVm, 2ª pars, p. 187.

2. Cette relation a été publié, pour la première fois, par le P. Sirmond, *Opera varia*, t. III, p. 400.

et saint Tugdual, eurent il est vrai, si l'on s'en rapporte à la tradition, le titre d'évêque, mais les savants qui, dans ce siècle, se sont occupés le plus brillamment de l'histoire ecclésiastique de la Bretagne, MM. Geslin de Bourgogne et A. de Barthélemy d'une part [1]; de l'autre, M. de La Borderie [2], ont parfaitement démontré que les anciens prétendus évêques de Saint-Brieuc et de Tréguier ne pouvaient être que des évêques-abbés ou des évêques régionnaires. Il en est ainsi du prélat d'un des évêchés les plus orientaux des côtes septentrionales de la Bretagne, c'est-à-dire soit de l'évêque de Dol, soit de celui d'Alet. Les auteurs des *Anciens Évêchés de Bretagne* ne voyaient d'abord dans Dol, en s'appuyant du reste sur la Chronique de Nantes, qu'un monastère dépendant du diocèse d'Alet [3]; mais depuis [4] ils se sont ralliés à l'opinion émise dans l'*Annuaire historique de la Bretagne* de 1862 par M. de La Borderie, qui, à l'aide de documents déjà employés par Dom Morice pour la même cause, a démontré que Dol, bien plutôt qu'Alet, devait être considéré comme le chef-lieu de l'ancien évêché du nord-est de la Bretagne, et qu'Alet n'était alors, suivant toute apparence, qu'un monastère régi par un évêque régionnaire soumis à l'évêque de Dol [5]. Les textes allégués par M. de La Borderie nous semblent fort concluants. On ne saurait trop s'étonner cependant que le mémorial du Mont-Saint-Michel, attribué par d'habiles critiques au concile de 819, désigne Salacon sous le titre d'*episcopus Aletensis*, et non sous celui de *Dolensis*; mais Sirmond, qui le premier a fait connaître cet important document, ne nous a pas dit à quelle époque appartenait le manuscrit dont le sort nous est inconnu. Peut-être ce manuscrit ne portait-il pas *Aletensis*, mais bien *Dialetensis*, leçon fournie par la Chronique de Saint-Brieuc [6], qui emprunte son récit des événements de 848 à la Chronique de Nantes écrite au XI° siècle, ou bien plutôt à la relation du Mont-Saint-Michel insérée en entier dans cette dernière Chronique ; nous avouerons toutefois que la Chronique de

1. *Anciens Évêchés de Bretagne*, t. 4, p. XXIX.
2. *Annuaire histor. et archéol. de Bretagne*, ann. 1862, p. 145 et 11.
3. *Anciens Évêchés de Bretagne*, t. 1, p. L.
4. *Ibid.*, t. III, p. XII.
5. *Annuaire histor. et archéol. de Bretagne*, ann. 1862, p. 172 et 11.
6. « In monasterio Doli quod erat tunc, ut aliqui dicebant, de diocesi » Dialetensi. » (*Chronicon Briocensis*, chez Dom Morice, *Preuves*, t. 4, p. 23).

Nantes, telle qu'on la trouve dans Dom Morice, donne également à ·
Salacon le titre d'*episcopus Aletensis* [1]. Ce titre, que n'admet pas
M. de La Borderie, peut provenir cependant d'une correction des
copistes ou des éditeurs de la Chronique : Alet ayant été jusqu'en
1152 le siège de l'évêché dit depuis de Saint-Malo, les copistes ont
pu remplacer, par l'adjectif *Aletensis*, l'adjectif *Dialetensis* qu'ils ne
connaissaient pas et qui, dans un autre passage de la Chronique, est
attaché au nom plus générique de Bretons.

III.

La théorie des Évêchés bretons.

Nous avons, dans les deux chapitres précédents, suivi pour notre
étude la voie qui nous paraissait la plus rationnelle, en nous déga-
geant de tel ou tel système existant, et nous sommes arrivé ainsi à
considérer la division ecclésiastique de la Bretagne avant 848 comme
une dérivation certaine de la division gallo-romaine du v° siècle. Il
nous faut maintenant retourner en arrière et voir en quoi notre opinion peut s'écarter de l'opinion généralement admise, qui, ayant un
point de départ essentiellement distinct, doit être évidemment différente. On se souvient, en effet, que M. de La Borderie avec tout un
groupe d'érudits, voit dans le nom de *Corisopitum* un nom britannique et non une dénomination gauloise ou gallo-romaine.

Nous n'avons pas le loisir d'examiner ici en détail les théories
du savant historien sur la colonisation de la péninsule par les Bretons ; nous nous contenterons de rappeler qu'il rejette avec toute
raison, croyons-nous, la dynastie conanienne, et qu'il ne reconnaît
l'existence d'aucune bande d'émigrants bretons avant 460 environ.
Le premier établissement durable de quelque importance serait, suivant lui, le petit royaume de Cornouaille, qu'aurait fondé, vers 480,
le chef connu dans les traditions de la Bretagne sous le nom de
Grallon-Meur. La fondation du petit État de Léon, l'établissement
d'une colonie bretonne dans la partie septentrionale du diocèse de
Vannes et le royaume de Domnonée, seraient un peu postérieurs ;
ils ne dateraient que du commencement du vi° siècle [2]. Ce sont là

1. Dom Morice, *Preuves*, t. 1, p. 140.
2. *Annuaire histor. et archéol. de la Bretagne*, ann. 1862, p. 2 et 11.

les dates les plus reculées qu'on puisse, en effet, assigner à la colonisation bretonne, mais nous croyons que M. Morin a eu tort d'avancer que l'établissement de Riothime, vers 460, ne se rapporte pas à la Bretagne et qu'il n'y eut pas de colonies bretonnes de quelque importance dans la péninsule avant l'année 513, date assignée par M. de La Borderie à la fondation du royaume de Domnonée [1]. On a trop oublié de part et d'autre, dans la discussion, ces paroles de Grégoire de Tours : « Depuis la mort de Clovis, les Bretons ont toujours été » sous la dépendance des Francs et leurs chefs sont appelés comtes » et non rois [2], » paroles qui semblent indiquer la soumission, par Clovis, des Bretons auparavant indépendants et gouvernés par des chefs qui prenaient le titre de « rois. » Cependant, on doit reconnaître que les adversaires de M. de La Borderie attaquent, avec raison, l'application d'une date précise à l'existence de Grallon, par le fait de la contemporanéité de saint Guénolé, le conseiller de Grallon, et de saint Patrice, l'apôtre de l'Irlande, fait indiqué dans une Vie de saint Patrice écrite à la fin du XII° siècle, mais contredit par le Cartulaire de Landévennec, rédigé avant cette époque en l'honneur de saint Guénolé [3]. L'examen d'autres écrits mentionnant Grallon montre aussi combien il est difficile de vouloir traiter la question chronologique à l'aide de ces documents : la Vie de saint Corentin, par exemple, le fait contemporain de saint Martin de Tours, mort en 397 [4], tandis que le Cartulaire de Landévennec nous montre un roi des Francs lui envoyant une ambassade composée de saint Florent qui florissait au commencement du V° siècle, de saint Médard qui mourut vers 545, et de saint Philibert dont la vie se prolongea jusque vers 674 [5] !

1. Morin, L'Armorique au cinquième siècle, p. 137.

2. « Nam semper Britanni sub Francorum potestate post obitum regis » Chlodovechi fuerunt et comites, non reges, appellati sunt. » (Greg. Tur., Historia Francorum, l. IV, c. 4).

3. Voyez sur ce point l'ouvrage de M. Morin, L'Armorique au cinquième siècle, p. 115-117.

4. Lobineau, Vies des Saints de Bretagne, p. 51.

5. « Erat quidam vir nomine Warhenus, vir nobilis,... in cujus domo » erat Gradlonus, rex Britonum, quando venerunt nuntii regis Franco- » rum. Hæc sunt nomina illorum : Florentius, Medardus, Philibertus, » tres sancti Dei religiosissimi a Deo electi atque prænominati ut essent » nuntii ad Gradlonum, ut deprecarentur illum propter Deum omnipo- » tentem..., ut citius veniret adjuvare opprobrium Francorum et capti- » vitatem et miseriam eorum. » (Dom Morice, Preuves, t. I, c. 222).

Mais notre cadre ne nous permet pas de traiter ces questions plus longuement, et nous revenons à l'opinion de M. de La Borderie sur l'origine des évêchés antérieurs à Noménoé. Le savant historien en attribue la fondation aux Bretons, et il appuie son sentiment sur d'anciennes Vies de saints, documents dont nous sommes loin de contester l'importance à certains points de vue, mais qui, lorsqu'il s'agit de l'origine d'institutions, sont loin d'avoir une valeur décisive, si elles ne sont pas entièrement contemporaines.

M. de La Borderie rappelle tout d'abord que, dans les premiers siècles du christianisme, le titre d'évêque n'était pas restreint dans les îles britanniques, comme dans les autres parties de l'empire romain, au prélat résidant au chef-lieu d'une *civitas*, et ayant par là l'autorité spirituelle sur tout ce territoire. On connaît le fait des 355 évêques que saint Patrice consacra en Irlande, et des 106 évêques qui, au concile de Brévy, représentaient la Cambrie, dont les évêques ne furent depuis qu'au nombre de quatre. Ainsi que l'a dit Dom Le Gallois, « plusieurs de ces évêques ne pouvaient » être que titulaires ou n'étaient que comme des curés de campagne » dépendant, quant à la juridiction, d'un évêque principal [1]. » Si l'on considère que les Bretons débarquant dans la péninsule avaient avec eux des prêtres et des évêques de leur nation, il devient évident que ceux-ci continuèrent d'exercer leur ministère sur le continent, comme ils l'exerçaient dans leur île, sans avoir de siège fixe. Nous le reconnaissons avec M. de La Borderie, et nous n'hésitons pas à voir dans Mansuetus, qui souscrit au concile de Tours de 461 en qualité d'*episcopus Britannorum* [2], un des évêques errants et très-probablement même, en raison de la date 461, un évêque des Bretons venus en Gaule avec Riothime.

M. de La Borderie, après avoir scruté attentivement les monuments hagiographiques, arrive aux résultats suivants sur l'origine des évêchés à limites fixes :

495 à 500. — Érection du diocèse de Cornouaille, dont le siége est Quimper et le premier évêque saint Corentin [3].

530 à 535. — Fondation de l'évêché de Léon, près de ruines romaines que remplace la ville actuelle de Saint-Pol-de-Léon [4].

1. *Annuaire hist. et archéol. de la Bretagne*, ann. 1862, p. 123.
2. Labbe et Cossart, *Sacrosancta Concilia*, t. IV, c. 1053.
3. *Annuaire hist. et archéol. de la Bretagne*, ann. 1862, p. 134.
4. *Ibid.*, p. 139.

550 à 553.— Établissement de l'évêché de Dol par saint Samson, après la préparation évangélique de la Domnonée par les évêques régionnaires, saint Brieuc et saint Tugdual [1].

575 à 580. — Conversion à la foi chrétienne du pays d'Alet, par l'évêque breton saint Malo, qui établit dans la ville d'Alet un monastère. Cependant, bien que les successeurs de Malo aient été, comme lui, revêtus de la dignité épiscopale, on doit ne les considérer que comme des auxiliaires de l'évêque de Dol [2].

Malheureusement, tous ces résultats s'appuient sur des documents dont la valeur est loin d'être toujours indiscutable.

Ainsi, pour l'origine de l'évêché de Cornouaille, M. de La Borderie, comme avant lui Dom Lobineau, se sert de la Vie de saint Corentin, qui fait donner la consécration épiscopale à ce prélat par saint Martin de Tours, mort longtemps avant l'arrivée des Bretons sur le continent. On a cherché, il est vrai, à expliquer cette erreur, en substituant à saint Martin un de ses successeurs sur le siége métropolitain [3]; mais il faut avouer qu'un récit renfermant un tel anachronisme ne peut être employé par la critique moderne, car il est nécessairement fort postérieur aux événements qu'il rapporte.

C'est d'après une Vie de saint Paul Aurélien écrite probablement vers 950, et dont l'auteur, un moine de Fleury, ne fit, croit-on, qu'abréger et écrire plus agréablement une autre Vie rédigée, en 844, par Gourmonoc, moine de Landévennec [4], c'est d'après cette Vie que M. de La Borderie rapporte l'établissement de l'évêché de Léon par Childebert. L'intervention dans cette circonstance du roi franc, qui du reste, d'après l'hagiographe, condescend simplement au vœu de son ami Withur, le souverain du Léon, ne laisse pas cependant que de présenter l'élévation de saint Paul au siége épiscopal sous un jour peu favorable à l'autonomie prétendue de l'Église primitive de la Bretagne...

La Vie de saint Samson est la plus ancienne des Vies des premiers évêques bretons. Son auteur l'aurait composée d'après les renseignements verbaux et écrits que lui fournissait le diacre Hénoc, parent

---

1. *Annuaire histor. et archéolog. de Bretagne*, ann. 1862, p. 152.

2. *Ibid.*, p. 160.

3. *Ibid.*, p. 130.

4. M. de La Borderie (*Annuaire hist. et archéol. de Bretagne*, 1861, p. 130) admet aussi ces dates.

de l'évêque de Dol ; elle ne paraît pas être postérieure de plus de cinquante ans à la mort du saint [1].

Il faut donc renoncer à trouver dans ces divers écrits des arguments spécieux pour l'origine bretonne et relativement récente des évêchés de Cornouaille, de Léon et de Dol. Les renseignements qu'on pourrait prétendre en tirer sur la circonscription des deux premiers de ces évêchés ne sont pas de ceux qu'une saine critique puisse accepter sans contrôle. Le même jugement doit être appliqué aux Vies de saint Tugdual, qui ne remontent qu'au xiᵉ siècle [2], et dans lesquelles on remarque un récit de l'ordination de Tugdual comme évêque de Lexobie, récit évidemment calqué sur celui de l'ordination de saint Paul Aurélien. Tugdual vient comme saint Paul à Paris, où le roi Childebert réussit à vaincre ses scrupules et à lui faire accepter la charge des âmes du pays de Tréguier.

Il ne faut pas demander à M. de La Borderie si les circonscriptions des trois évêchés bretons, les seuls dont, avec toute raison, il admette l'existence au viᵉ siècle, représentent les *civitates* gallo-romaines : sa pensée n'a jamais pu s'arrêter à cette opinion. En effet, selon lui, la *Notitia provinciarum et civitatum Galliæ* ne mentionnerait, pour le pays qui leur fut soumis, que deux *civitates* : la *civitas Ossismorum* qu'il croit avoir été formée des diocèses de Léon et de Cornouaille, et la *civitas Curiosolitum*, dont le territoire, soumis aux rois de la Domnonée, reconnut l'autorité spirituelle des plus anciens évêques de Dol. M. de La Borderie admet que les premiers diocèses bretons correspondaient aux divisions civiles existant lors de leur fondation, et ces divisions sont, dans son système, les États bretons et non les *civitates* gallo-romaines [3]. Suivant lui, le royaume de Cornouaille aurait donné son nom et ses limites à l'évêché de Corentin ; le comté de Léon aurait formé le diocèse de Paul Aurélien, tandis que le royaume de Domnonée, le plus vaste des États bretons, aurait été tout entier soumis à l'évêché de Dol. Et, en donnant aux évêchés les limites de leur domination, les chefs de cette nation bretonne, qu'on se plaît à nous représenter comme ayant, dès

---

1. Mabillon, *Acta Sanctorum ordinis sancti Benedicti*, sæc. primum, p. 105.

2. Ces deux Vies, encore manuscrites, ne datent que de cette époque, suivant M. de La Borderie lui-même. (*Annuaire histor. et archéol. de Bretagne*, ann. 1862, p. 148, n. 1).

3. *Annuaire histor. et archéol. de la Bretagne*, ann. 1862, p. 133.

cette époque, formé une Église ayant de grandes velléités d'indépendance, ces chefs, nous dit-on, n'auraient fait qu'agir conformément au seizième canon du concile universel de Chalcédoine, qui prescrivait de suivre dans les divisions ecclésiastiques l'ordre des divisions établies par le pouvoir civil[1].

Cependant, M. de La Borderie ne peut suivre jusqu'au bout la voie que lui ouvre cette hypothèse, qui, dès lors, n'est plus qu'une hypothèse ingénieuse. Il a constaté, en effet, l'existence au vie siècle de deux États bretons autres que la Cornouaille, le Léon et la Domnonée, et ces États, le Poher et le Browerech[2], ne correspondirent jamais à aucun évêché particulier. Le comté de Poher fut toujours compris dans l'évêché de Cornouaille, dont il formait la portion nord-ouest, et le Browerech, c'est le nom que les Bretons donnèrent à la partie septentrionale du diocèse de Vannes qu'ils paraissent avoir occupé dès le commencement du vie siècle, ne fut pas pour cela démembré de ce diocèse : M. de La Borderie reconnaît lui-même, au contraire, que ses nouveaux habitants « semblent avoir » de bonne heure reconnu, sans résistance, l'autorité des évêques » gallo-romains de Vannes[3], » et il ajoute ailleurs que « s'ils ne » tentèrent pas de fonder, au détriment de ce siège, un évêché bre- » ton, ils réussirent souvent à y mettre des prélats de leur race[4]. » La constatation de tels faits, indéniables du reste, car le témoignage formel de Grégoire de Tours coupe court ici aux hypothèses de l'école bretonnante[5], nous paraît constituer une forte présomption contre la prétention attribuée aux Bretons du vie siècle d'avoir voulu former une Église bretonne, sans s'inquiéter des liens qui unissaient leur nouvelle patrie à l'Église des Gaules ; et on peut se demander si la suprématie du métropolitain de Tours, dont les légendes les moins soucieuses de la vérité historique, comme par exemple celle de saint Corentin, ont même gardé la mémoire, n'aurait pu réussir à maintenir la corrélation entre les *civitates* et les diocèses.

1. *Annuaire histor. et archéol. de Bretagne*, année 1862, p. 114.
2. *Ibid.*, ann. 1862, p. 17 et 20.
3. *Ibid.*, ann. 1861, p. 69 et 70.
4. *Ibid.*, ann. 1862, p. 133.
5. Grégoire de Tours rapporte effectivement (*Historia Francorum*, l. IV, c, 4) l'ordination de Macliau, comte des Bretons, comme évêque de Vannes.

IV.

Le désert armoricain.

M. de La Borderie n'a pas attendu qu'on vienne lui poser la probabilité que nous venons d'émettre. Il nous a formellement fait connaître, dans ses savants *Annuaires historiques et archéologiques de la Bretagne*, son sentiment au sujet de l'impossibilité dans laquelle étaient les Bretons d'adopter les limites des *civitates* comme limites de leurs diocèses : « Comment les Bretons l'eussent-ils pu faire, » a-t-il dit quelque part, eux qui ne connaissaient même pas ces » cités [1] ? » A cette question, on se sent évidemment tenté de faire observer que le christianisme était organisé territorialement avant l'arrivée des Bretons, et que ce fait est attesté par des souscriptions d'évêques à quelques conciles ; mais M. de La Borderie, on le sait, n'est pas sujet à composition sur ce point, et il croit avoir prouvé que toute la partie occidentale de la péninsule était plongée, à la fin du v⁰ siècle, dans les ténèbres les plus profondes du paganisme. Si alors on veut objecter qu'avant l'arrivée des Bretons du moins l'organisation civile devait avoir conservé, ne fût-ce que par habitude, les limites des *civitates* gallo-romaines, et que, conséquemment, les Bretons ont dû les connaître, M. de La Borderie répondra qu'à cette époque la Bretagne n'était qu'un vaste désert, citera imperturbablement une série de textes tirés des Vies de saints qu'il connaît si bien, et clora ainsi la discussion [2]. En vain M. Halléguen, mu plus, peut-être, par un sentiment intime que par des raisons émanant d'une critique sévère, a-t-il voulu réagir contre l'opinion de M. de La Borderie [3]. Un savant, plus apte à juger le différend entre deux adversaires à idées préconçues, par cela même que ne faisant pas ses études

1. *Annuaire histor. et archéol. de Bretagne*, année 1861, p. 69.
2. Voyez ces textes réunis dans l'*Annuaire histor. et archéolog. de Bretagne*, année 1861, p. 128-134.
3. M. Halléguen niait déjà le *désert* breton du v⁰ et du vi⁰ siècle, dans sa brochure intitulée : *Les Celtes, les Armoricains, les Bretons* (in-8⁰ de 39 pages, 1859, p. 14 et suivantes). Il a persévéré depuis dans son opinion et a publié, en 1862, dans la *Revue archéologique* (t. 1er de 1862, p. 6-15), un mémoire sur les *évêchés gallo-romains du cinquième siècle dans l'extrême Armorique*.

journalières des sujets qui les divisent il est plus désintéressé de la question, M. Robiou, dans un article du *Correspondant* [1], ne peut échapper au mirage des textes invoqués par M. de La Borderie. Il n'ose opposer une fin de non-recevoir à l'assertion de M. Halléguen montrant des preuves indirectes de l'existence d'évêchés gallo-romains à l'extrémité de la péninsule, mais il trouve qu'on ne peut nier le désert armoricain, lorsque l'on trouve les expressions : *arboreta maxima, silvas paragrant, silvam densissimam, solitudinem maritimam quæ plena erat nemoribus, vastitatem eremi, silvam pergrandem, in loco deserto et nemoroso, latam terram et spatiosum desertum quoque*, employées dans les Vies de saint Brieuc, de saint Pol, de saint Goulven, de saint Hervé, de saint Guénolé, de saint Sulin et de saint Méen.

Les textes invoqués par M. de La Borderie ont-ils réellement la valeur que veut bien leur reconnaître M. Robiou ? Ici, comme pour l'origine bretonne des évêchés, la question de l'âge de ces Vies de saints est fort importante. Les plus anciens de ces textes ne paraissent pas antérieurs au ixe siècle, et certains sont même assez postérieurs à cette époque. Une critique indépendante ne peut donc prétendre tirer de ces ouvrages des renseignements de quelque valeur sur l'état du pays armoricain à la fin du ve et au vi[e] siècle. Il importe de remarquer que les expressions que M. de La Borderie en a tirées indiquent simplement que la péninsule était encore couverte de bois épais dans beaucoup de ses parties, et qu'elles ne permettent, en aucune façon, de supposer que les bois avaient remplacé des plaines florissantes et garnies de centres de population sous la domination romaine. Il ne faut, du reste, que se reporter à l'histoire de la fondation de la plupart des abbayes de France, du vi[e] au xiiie siècle, pour voir qu'on rencontrait, dans toutes les provinces, ces forêts presque vierges auxquelles la hache des moines devait porter de si grands dommages, en y faisant surgir de nombreux villages.

Il est un fait que M. de La Borderie et les partisans de son système pourraient caresser avec plus de complaisance encore, s'il était possible : c'est l'état dans lequel saint Paul Aurélien aurait trouvé une ville en forteresse gallo-romaine fermée par des murs de terre. Cet oppidum n'avait pour tous habitants, suivant la légende, qu'une laie

---

1. L'article de M. Robiou a été publié, en 1868, dans le *Correspondant*, sous ce titre : *Une Polémique bretonne sur les émigrés du sixième siècle.*

allaitant ses marcassins, un essaim d'abeilles dans le creux d'un arbre, un ours et un buffle sauvage. Paul, chassant ces deux derniers animaux, bénit la vieille enceinte et y construisit peu après le monastère qui donna naissance à la ville épiscopale de Saint-Pol-de-Léon [1]. Si l'on admet que l'hagiographe du xe siècle, ou plutôt la Vie écrite en 844 par Gourmonoc, qui lui servait de guide, avait emprunté ce récit à la tradition léonaise, la tradition ne fournit que le fait d'une ville ruinée dont, après trois ou quatre siècles, elle ne peut donner un état bien authentique. Qu'il y ait eu, au ve siècle, des ruines, et de nombreuses ruines, dans la partie la plus occidentale de la Troisième Lyonnaise, nous le nions d'autant moins que c'est là la conséquence la plus inévitable des guerres prolongées, et qu'alors ces contrées, comme la Bretagne insulaire, étaient exposées aux courses dévastatrices des Saxons; mais les ruines sont loin d'indiquer nécessairement une dépopulation complète. En effet, les incursions des hordes barbares laissent des traces bien autrement durables par la ruine des centres de population et le déclin de la civilisation, que par la dévastation de la campagne. Quel jugement M. de La Borderie porterait-il donc sur la Touraine du vie siècle, en trouvant dans Grégoire de Tours la mention des ruines antiques qui entouraient déjà de son temps le monastère de Maillé [2], en y lisant aussi le récit de la vie de saint Senoch, ce pieux solitaire, qui vint se retirer près d'antiques murailles en ruines et s'y construisit une retraite avec leurs débris [3]? Que dirait-il donc en apprenant que, dans cette même Touraine, d'épais buissons cachaient aux regards des fidèles, au milieu du vie siècle, des tombes de pieux martyrs et confesseurs [4]? Peut-être considèrerait-il aussi la Touraine comme un désert, mais nous croyons que peu de personnes seraient tentées d'appliquer sa règle de critique à cette province, l'une des plus riches

1. Voyez ce fait rapporté par l'hagiographe dans le tome II du mois de mars des *Acta Sanctorum*, p. 117, et dans l'*Annuaire historique et archéol. de Bretagne*, ann. 1861, p. 130.

2. « Malliacense monasterium in Turonica urbe quod in cacumine » montis est constructum, ab antiquis vallatum œdificiis jam erutis. » (*De Gloria confessorum*, c. 21).

3. « In cellulam quam ipse [Senoch] inter parietes antiquos compo- » suerat, se removit. » (*Historia Francorum*, l. V, c. 7).

4. Voyez, aux chap. XVII et XVIII du *De Gloria confessorum*, la description du lieu de sépulture de saint Bénigne et de celui de sainte Maure, avant qu'ils ne fussent l'objet de la vénération des fidèles.

de l'empire des Francs, à cette province que les fils de Chlothaire se disputaient pour cela même, les armes à la main, dans la seconde moitié du vie siècle.

Des murailles antiques, près desquelles viennent s'abriter de pieux reclus, sont encore signalées par Grégoire pour d'autres parties de la France [1]. Aussi la légende de saint Paul Aurélien, de date relativement récente, perd-elle un peu de son originalité. Quoi qu'il en soit, cette tradition, évidemment embellie par le temps, ne peut fournir une base bien solide au système du désert armoricain.

V.

Les Évéchés gallo-romains de la péninsule.

La meilleure preuve qu'on puisse alléguer de la persistance de l'élément gallo-romain est, croyons-nous, la conservation, jusqu'à l'établissement de l'Église bretonne indépendante, des noms des *ciritates* dans ceux des évéchés. On aurait tort, en effet de répéter que les évéchés du pays où les Bretons dominaient portaient, avant Noménoé, les noms d'évéchés de Léon, de Cornouaille et de Dol, puisqu'en effet ces dénominations ne se trouvent dans aucun document écrit avant 848, et que les auteurs des Vies de saints bretons emploient toutes les appellations en usage à l'époque où ils écrivaient, commettent ainsi un genre d'anachronisme fréquent au moyen-âge. On ne peut opposer une Vie manuscrite de saint Samson différente de celle qui remonte au commencement du viie siècle, car l'auteur se contente de dire que Judual, roi de Domnonée, confia tout son pays à l'administration religieuse de Samson et de ses successeurs [2]. Les seuls documents véritablement authentiques qui mentionnent, en indiquant leurs siéges, les plus anciens évéques de la partie de l'Armorique soumise aux Bretons, sont le concile d'Orléans de 511

1. Voyez, entre autres, la vie de saint Lupicin, reclus, au chap. XIII des *Vitœ Patrum*, de Grégoire.

2. « Tunc Judwalis... totam dominationem totius Domnoniæ heredi- » tario pontificali jure tradidit illi [Samsoni]. » *Vie manuscrite de saint Samson*, citée par M. de La Borderie, *Annuaire histor. et archéol. de Bretagne*, 1862, p. 154.

et le mémorial du Mont-Saint-Michel, contemporain de Noménoé :
le premier de ces textes nous fait connaître Litharedus, *episcopus
Oxomensis* [1], et le second, document précieux qui nous donne le
nombre des évêchés à limites fixes existant en Bretagne avant 848,
les désigne sous leurs véritables dénominations de *Venetensis, Aletensis* ou plutôt *Diabletensis, Corisopitensis* et *Oximensis* [2]. Ce serait
donc à la réforme ecclésiastique de Noménoé qu'il faudrait rapporter
l'oubli du nom des *Ossismiis* et de celui des *Dialetenses* (les *Diablintes* des latins et les *Diaulitæ* de Ptolémée), qui, dans la Chronique
de Nantes, sert aussi à désigner, avant 848, une fraction de la nation
bretonne [3]; ce serait aussi de cette réforme que daterait seulement
l'application du nom de Léon et de Cornouaille à des circonscriptions religieuses.

En admettant ainsi la persistance, pendant plus de trois siècles
après l'établissement des Bretons, de divisions ecclésiastiques égales
en nombre aux cités gallo-romaines dont elles portaient les noms,
nous admettons l'origine gallo-romaine de ces évêchés. On serait en
droit de s'étonner qu'une telle opinion n'ait pas été adoptée plus tôt,
si l'on se souvenait que l'opinion dominante, au sujet du nom de
la *civitas Corisopitum*, amenait invinciblement les chercheurs à
supposer une différence profonde entre les *civitates* et les anciens
évêchés bretons, en leur insinuant que la *civitas Ossismorum* du
ve siècle avait été démembrée par les Bretons pour former deux
diocèses.

Aussi, M. Halléguen reconnaît-il, dans les diocèses de la Bretagne
antérieurs à Noménoé, des divisions établies par les Bretons; mais,
suivant lui, cependant, la population de la péninsule avait été appelée
à participer aux bienfaits du christianisme dès le temps de la domination romaine, et, au ve siècle, la division ecclésiastique reposait
sur l'ancienne division civile. Il s'appuie, pour justifier son sentiment,
sur le concile provincial tenu à Vannes en 465, soit pour procéder
à l'ordination d'un évêque de cette ville, soit pour mettre ordre aux
affaires du diocèse. Il fait remarquer que les six évêques présents
à ce concile adressèrent, à deux de leurs collègues qui n'avaient pu
y assister, une lettre pour les informer des décisions qu'ils y avaient
prises ; malheureusement, les siéges de ces huit prélats ne sont pas

---

1. Labbe et Cossart, *Sacrosancta Concilia*, t. IV, c. 1410.
2. Nous avons parlé de ce document plus haut, p. 9.
3. Dom Morice, *Preuves*, t. 1, c. 130.

indiqués dans ce document. Mais on sait que les deux absents, Victorius et Talassius, étaient les évêques du Mans et d'Angers, et, parmi les six signataires de l'épître synodale, on trouve Perpetuus, Athenius et Nunnechius, que d'autres documents nous font connaître comme évêques de Tours, de Rennes et de Vannes, et Paternus, que la tradition vannetaise considère comme un de ses plus anciens prélats. Six évêques sur huit appartenant donc avec certitude à des sièges déterminés de la province de Tours, et le concile de Vannes étant un concile provincial, M. Halléguen se croit en droit de voir dans Albinus et Liberalis les deux seuls évêques dont les sièges ne sont pas connus, les évêques des cités des Ossismii et des Curiosolites (*civitas Corisopitum*) qui complètent suivant lui la Troisième Lyonnaise; car, se rangeant à l'opinion généralement admise sur la *civitas Diablintum*, il pense que cette cité n'eut jamais d'évêque particulier. Il conclut finalement, sur ces données, qu'il y a lieu d'affirmer l'existence d'évêchés gallo-romains dans toute l'Armorique, avant l'émigration bretonne [2]. A notre avis, cette hypothèse devrait être maintenue en présence de la souscription de Litharedus, *episcopus Oxomensis*, c'est-à-dire des *Ossismii*, au concile tenu à Orléans en 511 [2], lors même qu'il serait prouvé qu'Albinus et Liberalis n'appartenaient pas à la province de Tours.

Il est vraiment curieux de voir jusqu'à quel point les partisans de l'école bretonnante défendent les opinions qu'ils ont une fois embrassées. Nous n'avons pas ici à mettre en cause M. de La Borderie, qui, depuis 1862, époque à laquelle parut le travail de M. Halléguen sur les *Évêchés gallo-romains du v° siècle*, n'a rien écrit sur la question des origines du christianisme dans la Basse-Bretagne, mais bien M. Aurélien de Courson.

L'éditeur du *Cartulaire de Redon* traite, peut-être plus légèrement qu'il ne convient, l'hypothèse de M. Halléguen, qui, réduite au concile de 465, créerait tout au moins une très-forte présomption en faveur de l'existence d'évêchés antérieurs à la colonisation bretonne chez les *Ossismii* et chez leurs voisins. Il se garde bien de parler de l'*episcopus Oxomensis* du concile de 511, pour faire croire évidemment à ses lecteurs que l'identité de ce prélat et de l'évêque de Séez (ou d'Exmes) ne peut être mise en doute. C'est faire acte de prudence,

1. *Revue archéologique*, t. 1er de 1862, p. 10.
2. Labbe et Cossart, *Sacrosancta Concilia*, t. IV, c. 1410.

certainement, que de ne pas rappeler cette mention qui, rapprochée de celle de Liberalis, *episcopus Oximensis*, en 848, pourrait en ébranlant la conviction du lecteur nuire à la cause des évêchés bretons. Grâce à ce silence, on discute bravement les conséquences qu'un adversaire tire du concile des évêques de la province de Tours. On reprend sévèrement M. Halléguen de prétendre identifier, au IVᵉ siècle (*sic*), les diocèses et les *civitates*, en objectant que la première décision prise à l'égard de la corrélation de ces divisions ne le fut qu'au concile de Chalcédoine, en 451, et l'on ajoute que cela « montre l'inanité d'un système qui, cinquante ans et plus avant » la décision du concile de Chalcédoine, prétend identifier, dans » toute la Gaule, les cités et les diocèses [1]. » Une telle façon de discuter ferait croire, lors même qu'on retrouverait dans le mémoire de M. Halléguen cette phrase expresse : « au IVᵉ siècle, le nombre des » diocèses répondait en Gaule à celui des cités; » une telle façon de discuter ferait croire, disons-nous, que M. de Courson perd de vue la véritable argumentation de son adversaire, qui s'appuie surtout sur un concile tenu en 465, c'est-à-dire quatorze ans après le concile de Chalcédoine. Du reste, le concile de Chalcédoine n'a que faire ici, puisqu'il fixa seulement une tendance suivie exclusivement par les Églises de la Gaule, et conseillée, du reste, par divers conciles du IVᵉ siècle [2].

M. de Courson fait, en outre, à l'ingénieuse conjecture de M. Halléguen, une réponse d'où il semble résulter que, dans sa pensée, les catalogues d'évêques et les traditions religieuses ont conservé le souvenir de tous les prélats du Vᵉ siècle. « Quant à Albinus et à Libe- » ralis, dit-il, aucun catalogue, aucune légende, aucune tradition » n'autorise à croire qu'ils fussent évêques des Osismes et des » Curiosolites. Est-ce donc que, pour assister à un concile provin- » cial, il fallait nécessairement appartenir à la métropole où il était » assemblé ? Nullement, car au premier et au second concile de » Tours, en 461 et 567, le tiers des prélats assistants étaient étrangers » à la province. On peut juger, d'après cela, de la valeur du système [3]. »

---

1. *Cartulaire de l'abbaye de Redon*, introd., p. CLXXI.
2. On peut citer, comme constatant cette préoccupation du rapport à observer entre les divisions civiles et ecclésiastiques, les conciles de Sardique (346), de Laodicée (vers 366), de Constantinople (381) et de Carthage (397). M. Guérard (*Essai sur le système des divisions territoriales de la Gaule*, p. 83 – 84) renvoie à ces différents textes.
3. *Cartulaire de l'abbaye de Redon*, introd., p. CLXXII.

Voilà qui est formel. Cependant, la comparaison des conciles de Tours de 461 et de 567 avec le concile de Vannes est-elle acceptable ? Ces deux conciles peuvent-ils être qualifiés de provinciaux comme celui de Vannes, et être considérés, parce qu'ils furent tenus à Tours, comme conciles des évêques de la troisième Lyonnaise ? Non certainement, et c'est là la condamnation de M. de Courson : les évêques n'y étaient nullement appelés pour traiter d'affaires spéciales à cette province ; on doit donc y voir bien plutôt des conciles où se réunissaient des prélats relevant du même État politique.

Ainsi, le concile de 461 paraît être formé, en tenant compte de l'absence inévitable des prélats de plusieurs sièges, des évêques de la Gaule centrale qui, placés entre les Francs, les Burgondes, les Wisigoths et la confédération armoricaine, reconnaissaient encore l'autorité du nom romain. Ces évêques se réunirent à Tours, à l'occasion de la solennité de la fête de saint Martin, au nombre de neuf, à savoir : les évêques de Tours, du Mans, de Nantes et d'Angers (3e Lyonnaise); l'évêque de Rouen (2e Lyonnaise); l'évêque de Châlons-sur-Marne (2e Belgique) ; les évêques de Bourges et d'Auvergne (1re Aquitaine), et un évêque des Bretons (*episcopus Britannorum*) [1] qui, à en juger par la date du concile, pourrait fort bien être l'évêque des Bretons de Riothime, appelé vers cette époque, par l'empereur Anthemius, pour défendre l'empire romain et la Gaule contre les Wisigoths. Quant au second concile de Tours, qui se réunit à la même époque de l'année que le premier, c'est-à-dire à l'époque de la fête de saint Martin (567), les évêques de la province de Tours n'y figurent aussi que pour moitié, et la réunion ne paraît pas s'y être non plus occupée particulièrement de cette province. Le concile, qui s'était réuni avec l'assentiment de Charibert, était composé des évêques de Tours, de Nantes, d'Angers, de Rennes et du Mans (province de Tours), des évêques de Rouen et de Séez (province de Rouen), des évêques de Paris et de Chartres (province de Sens), c'est-à-dire, ce nous semble, des évêques de la partie du royaume de Charibert située au nord de la Loire [2].

1. « Mansuetus, episcopus Britannorum, suscripsi. » (Labbe et Cossart, *Sacrosancta Concilia*, t. IV, c. 1053).

2. « Qua propter, Christo, auspici in Turonica civitate concilio concordante, *juxta conniventiam gloriosissimi domini Chariberti regis annuentis*, coadunati pro pace et instructione ecclesiæ... » (Préface du concile de Tours, chez Labbe et Cossart, *Sacrosancta Concilia*, t. V. c. 852).

Le concile de Vannes a, bien au contraire, l'apparence d'un concile provincial : il se réunit pour traiter des affaires particulières d'un évêché et *ses décisions sont notifiées à deux prélats suffragants de l'évêque de Tours, mais absents de la réunion. Tous les évêques qui y assistaient, même Albinus et Liberalis, dont les sièges ne sont pas connus avec certitude, appartenaient incontestablement à la même province*, autrement la lettre synodale à laquelle ils souscrivirent tous ne renfermerait pas cette phrase que l'on trouve dans le quinzième canon du concile : « Nous avons cru aussi qu'il était juste » que, *dans notre province*, l'office et la psalmodie fussent partout » les mêmes [1]..... » Cette phrase, qui n'a certainement pas été assez remarquée, est concluante pour la thèse de M. Halléguen.

Les objections de M. de Courson ne nous paraissent donc nullement fondées, et nous pensons que les indices que M. de La Borderie tirait encore en 1860 et 1861 des Vies de saints, *pour nier l'établissement du christianisme dans l'extrémité de la péninsule avant l'arrivée des Bretons*, ne sont pas non plus d'une valeur assez grande pour infirmer l'existence probable au v° siècle des évêchés des *Ossismii*, de *Corisopitum* et des *Diablintes* ou *Diaulitæ*. Dans cette question, M. de La Borderie raisonne, et c'est aussi le défaut de plusieurs de ses partisans, comme s'il ignorait que nous ne possédons que quelques mots réellement contemporains des événements sur l'histoire de la Bretagne du v° au ix° siècle. « On ne peut citer, » dit-il, un fait, ni un texte, ni un indice quelconque autorisant à » penser que l'Évangile y ait été prêché avant la venue des Bretons » et de leurs prêtres [2]. » Il ne tire aucune induction des souscriptions des évêques du concile de Vannes, dont M. Halléguen n'avait pas encore fait remarquer l'importance pour le débat : il tait aussi la mention de l'*episcopus Ozomensis* de 511 et accumule les citations de Vies de saints de race bretonne, dont aucune, à l'exception de celle de saint Samson, n'est antérieure au ix° siècle, et qui montrent ces saints missionnaires répandant la parole de Dieu sur le pays qui leur a donné un asile [3]. Le seul texte, vraiment important allégué

---

1. « Rectum quoque duximus, ut vel intra provinciam nostram sacrorum » ordo et psallendi una sit consuetudo... » (Quinzième canon du Concile » de Vannes, chez Labbe et Cossart, *Sacrosancta Concilia*, t. IV, c. 1057).

2. *Annuaire histor. et archéol. de Bretagne*, ann. 1861, p. 40-41.

3. *Ibid.*, année 1862, p. 83-93, paragraphe intitulé : *Lutte contre le Paganisme*.

par M. de La Borderie est tiré de la Vie, due à un auteur contemporain, de saint Mélaine, évêque gallo-romain de Rennes au commencement du vi° siècle. Suivant cet ouvrage, saint Mélaine, prêchant la foi dans le territoire de Vannes, qui cependant avait déjà eu des évêques particuliers, reprochait aux habitants de ce pays, qui lui demandaient des miracles, leur paganisme, « car à cette » époque, dit le biographe, presque tous les Vénètes étaient encore » païens [1]. » Or, de cette parole, qui prouve qu'au commencement du v° siècle une grande partie des Vénètes étaient encore plongés dans l'idolâtrie, on tire immédiatement cette conclusion que l'extrémité de la péninsule, presque entièrement isolée du reste de la Gaule, devait être entièrement idolâtre.

Cette conclusion est trop absolue, suivant nous. On ne peut vraiment trouver une preuve de l'état religieux du pays des *Ossismii* et de celui de *Corisopitum* dans ce passage de la Vie de saint Mélaine. En effet, la population vénète à laquelle fait allusion l'auteur de cette Vie est pleine de respect pour « l'homme de Dieu, » c'est le nom qu'elle donne à l'évêque de Rennes qui lui reproche son obstination à vivre hors de la croyance chrétienne, et un miracle de saint Mélaine suffit, paraît-il, à la convertir. Nous ne cherchons pas à nier qu'il ait pu y avoir, au v° siècle, un grand nombre de gens adonnés aux coutumes païennes chez les *Venetes*, les *Ossismii*, les *Diablintes* et dans le territoire de *Corisopitum*; car, chacun le sait, dans les contrées même où la foi chrétienne était dominante dès le iii° siècle et où, par conséquent, l'Église était déjà organisée à cette époque, l'idolâtrie se perpétuait dans les campagnes. C'est même à cette persistance du culte des faux dieux chez la population rurale que les infidèles doivent l'épithète de païens (*pagani*) qui, originairement, n'avait que le sens de *paysan*. Vers la fin du iv° siècle, et bien que les Églises de Tours et d'Autun fussent solidement établies depuis plus d'un siècle, les païens n'en étaient pas moins fort nombreux dans le territoire de ces cités : Sulpice Sévère [2] et Grégoire de Tours [3]

---

1. « Erant enim tunc temporis Venetenses pene omnes gentiles. » (*Acta Sanctorum*, t. Ier de janvier, p. 331.

2. Vie de saint Martin, par Sulpice Sévère, chez Surius, *Vitœ Sanctorum*, t. V de l'édition de 1617, p. 24.

3. « Multos paganorum converti fecit, templa eorum statuasque con» fregit... In vicis quoque, id est Allingaviensi, Solonacensi, Ambaciensi,

attestent, en effet, que saint Martin renversa, dans divers lieux de son diocèse, les temples païens et les remplaça par des églises, après avoir baptisé les gentils ; le même Grégoire nous représente l'idolâtrie comme florissant encore dans le diocèse d'Autun sous l'évêque Simplicius, et nous fournit de curieux détails sur le culte rendu par la population de ce pays à la déesse Berecynthia [1]. Le christianisme était établi depuis trois siècles déjà dans la Belgique, que, dans une contrée éloignée des grandes villes et située sur les limites des *Treveri*, des *Remi* et de la cité de Verdun, on rencontrait une population encore adonnée au culte de Diane [2]. Les coutumes païennes se perpétuèrent même plus tard encore dans bien des localités, et les conciles furent obligés d'intervenir. Ainsi, le concile tenu en 578, à Auxerre, et composé de tout le clergé de ce diocèse, défend un grand nombre de superstitions païennes [3]; le concile de Francfort, en 794, composé des évêques de Gaule, de Germanie et d'Italie, ordonne qu'on détruise les bois sacrés [4]. Aussi croyons-nous à l'organisation de l'Église chrétienne dans les cités les plus reculées de l'Armorique, bien que les moines bretons du VI⁰ siècle aient pu avoir à déraciner beaucoup de coutumes païennes, et à appeler à la foi chrétienne un grand nombre de païens véritables. On sait, du reste, que, dans quelques paroisses de la Bretagne, fort rares heureusement, le paganisme ou du moins une profonde ignorance persistait encore au XVII⁰ siècle, époque où les missions de Michel Le Nobletz et du Père Maunoir firent pénétrer la parole évangélique dans les îles d'Ouessant, les îles Molène, de Batz et de Sein, et dans quelques paroisses des diocèses de Cornouaille et de Léon.

» Cisomagensi, Tornomagensi, Condatensi, destructis delubris, baptizatisque gentilibus, ecclesias ædificavit.» (*Historia Francorum*, l. X, c. 31, § 3.

1. *De Gloria confessorum*, c. 76.

2. Voyez l'histoire du diacre Wulfilaïc (saint Walfroy), chez Grégoire de Tours, *Historia Francorum*, l. VIII, c. 15.

3. Labbe et Cossart, *Sacrosancta Concilia*, t. V, c. 957 – 958.

4. Ibid., t. VII, c. 1009.

DEUXIÈME PARTIE.

Nous croyons avoir établi, dans la première partie de ce travail, que les *civitates* de la Bretagne moderne étaient au nombre de six; qu'elles étaient appelées *civitas Corisopitum*, *civitas Diablintum*, *civitas Nannetum*, *civitas Ossismorum*, *civitas Redonum* et *civitas Venetum*; que, comme dans toutes les autres parties de la Gaule, des évêchés paraissent avoir adopté, avant le vᵉ siècle, les limites de chacune de ces *civitates*; enfin, que, lorsque le roi breton Noménoé brisa, en 848, l'unité de la province ecclésiastique de Tours et découpa de nouveaux diocèses dans la partie septentrionale de son royaume, la Bretagne était répartie entre six diocèses, dont les noms rappelaient ceux des *civitates*. Dans la seconde partie de notre travail, nous chercherons à tracer les limites probables de chaque *civitas*; l'ordre alphabétique sera notre guide pour la place dans laquelle chaque cité devra passer sous les yeux de nos lecteurs.

I.

Civitas Corisopitum.

La *civitas Corisopitum* est une des cités dont les limites sont les plus faciles à déterminer, grâce à ce que Noménoé ne démembra pas, en 848, le *diocesis Corisopitensis*, qui la représentait dès lors. Le *diocesis Corisopitensis* subsista donc jusqu'en 1789. Cependant, son nom primitif se perdit, et le vulgaire ne le connut bientôt plus que sous le nom d'évêché de Cornouaille; seuls, les actes latins conservèrent le souvenir de l'ancien nom, mais encore les clercs le désignaient-ils fréquemment sous le nom de *diocesis Cornubiensis*.

Les limites du diocèse de Cornouaille peuvent être qualifiées, presque sur tout leur parcours, de limites naturelles. La limite de ce diocèse, qui confinait au nord avec les évêchés de Léon et de Tréguier (*civitas Ossismorum*), était d'abord le goulet de Brest, et l'Elorn, jusqu'à Landerneau; puis, les montagnes d'Arré, qui commencent à 18 kilomètres E.-S.-E. de cette ville, et ensuite, à quelques exceptions près, comme vers Pestivien et Saint-Conan, la chaîne de collines qui sépare le bassin de la Manche de celui de l'Océan. Arrivée au Leslay, c'est-à-dire à la source du Leff, la limite, changeant de direction, marche vers le sud et devient commune au diocèse de Saint-Malo (*civitas Diablintum*); elle ne tarde pas à suivre l'Oust, qu'elle cotoie jusqu'à Hémonstoir. A Hémonstoir, nouveau changement de direction de la limite de l'évêché de Cornouaille, qui confine alors au diocèse de Vannes (*civitas Venetum*). Un ruisseau, qui sépare le finage d'Hémonstoir (diocèse de Cornouaille) des finages de Saint-Gonnery et de Croixanvec (diocèse de Vannes), forme d'abord, dans la direction de l'est à l'ouest, la limite des deux évêchés, limite qui, gagnant le Blavet au-dessus de Pontivy, remonte le cours de cette rivière jusqu'à Goarec et le quitte pour suivre celui d'un de ses affluents jusque vers Mellionnec; non loin de Mellionnec, et aux confins de cette paroisse et de celles de Glomel et de Plouray, elle atteint la source de l'Ellé, qui, coulant du nord au sud, sépare les diocèses de Cornouaille et de Vannes jusqu'à la mer. Au sud et à l'ouest, la *civitas Corisopitum* était close par l'Océan.

Nous avons dit plus haut, en cherchant à établir que le nom de *Corisopitum* était bien à sa place dans la *Notitia*, que cette cité avait été formée, comme quelques-unes des autres cités de la Gaule du ve siècle, du démembrement d'un peuple puissant : il faut préciser notre pensée, en disant quel est ce peuple. Jusqu'ici, les érudits qui se sont occupés de cette question, aussi bien ceux qui croient à l'existence d'une *civitas Corisopitum* que ceux qui la nient, considèrent le diocèse de Cornouaille comme une fraction du territoire des Osismiens : mais si l'on examine sur quoi repose cette opinion, qui ne date, en réalité, que du milieu du dernier siècle, on est étonné de son peu de consistance, car elle n'est fondée que sur trois arguments de nulle ou de peu de valeur.

Le premier argument est tiré de Pomponius Mela, qui parle de l'île de *Sena*, située dans l'Océan britannique, en face du rivage des Osismiens [1]. On s'est accordé, depuis peut-être trois siècles, à reconnaître cette île dans l'île de Sein, placée en face du raz de Sein, qui est, on le sait, le nom de la pointe méridionale du diocèse de Cornouaille, sans remarquer ce qu'il y avait d'étrange à ce qu'un nom à terminaison féminine, comme celui de *Sena*, fût devenu Sein. Mais, récemment, M. Le Men, archiviste du département du Finistère, a

1. Mela, *De situ orbis*, l. III, c. 6.

victorieusement démontré que cette identification ne pouvait se soutenir, par deux raisons, dont une seule suffirait : la première, c'est que l'île de *Sena* était, suivant le témoignage formel de Méla, une île de l'Océan britannique, c'est-à-dire de la mer qui séparait la Gaule de l'île de Bretagne, et qu'elle ne peut, par conséquent, être cherchée que parmi les îles dépendant des anciens diocèses de Léon et de Tréguier ; la seconde, c'est que l'île de Sein, que ses habitants désignent encore aujourd'hui sous le nom d'*Enez-Sun* (île de *Sun*) s'appelait originairement *Seïdhun*, d'où la forme *Sizun* que donne encore un titre de 1524 ; la chute de la dentale, dans cet ancien nom, aurait déterminé la forme moderne que M. Le Men a pu constater dans divers voyages accomplis par lui dans l'île [1].

D'Anville [2] avait pris le second argument d'une légende de saint Menulf suivant laquelle ce saint personnage, venant de l'île de Bretagne, aborda au pays des *Ossismii*, dont il serait devenu évêque après saint Corentin. Or, il ne peut être plus clairement question du diocèse de Cornouaille, dont le chef-lieu, Quimper, doit son surnom actuel à l'un de ses plus anciens évêques, saint Corentin. Mais les érudits bretons ne font, malheureusement, aucun fond sur cette légende : ils se contentent d'observer que le nom de ce saint, qui, suivant la légende, serait un irlandais ou un breton, n'est rien moins que germain [3]. Dom Lobineau fait même remarquer que ce prétendu successeur de saint Corentin « a toujours été inconnu dans » la province » et qu'il « n'y a jamais été l'objet d'aucun culte [4]. »

Le troisième argument repose sur l'identité prétendue de Carhaix, chef-lieu de l'archidiaconé de Poher au diocèse de Cornouaille, et de *Vorganium* (Οὐοργάνιον), que Ptolémée indique comme la ville des *Ossismii*. On ne s'est pas assez souvenu que cette attribution, qui date du siècle dernier seulement et doit surtout son succès à d'Anville, repose sur l'identification du *Vorganium* de Ptolémée et du *Vorgium* de la *Table* de Peutinger, dont le nom, dans ce cas, aurait été mal transcrit par le copiste de ce document. Cette base est d'autant plus fragile, que quelques savants distinguent aujourd'hui *Vorganium* et *Vorgium*, et ne laissent la capitale des *Ossismii* à Carhaix qu'en

1. Le Men, *La cité des Ossismii et la cité des Veneti* (dans la *Revue archéologique*, t. Ier de 1872, p. 51-52).

2. *Notice de l'ancienne Gaule*, p. 509.

3. *Annuaire histor. et archéol. de Bretagne*, ann. 1862, p. 139.

4. Lobineau, *Vie des Saints de Bretagne*, p. 52.

raison des vestiges qui attestent l'importance de cette ville à l'époque romaine, et non plus en tenant compte des distances relatives à *Vorgium*, distances sur lesquelles d'Anville appuyait surtout son opinion [1]. Enfin, si la connaissance des langues celtiques était plus certaine, peut-être trouverait-on dans le nom de *Vorganium* un indice de la situation probable de cette ville au bord de la mer (*vor*) [2]; ce qui, restreignant forcément le champ des investigations à la côte septentrionale de la Bretagne, ferait abandonner aux archéologues bretons l'identification de *Vorganium* avec Carhaix, identification qui n'a véritablement pas de base sérieuse.

Les limites du diocèse de Cornouaille, avons-nous dit en commençant ce chapitre, sont presque partout des limites naturelles, mais on aura sans doute remarqué que sa limite septentrionale était de beaucoup la plus importante : elle est formée, on s'en souvient, par les montagnes d'Arré et les collines qui partagent le bassin de l'Océan du bassin de la Manche. C'est évidemment là une frontière bien plus forte que celle du sud, formée de cours d'eau d'une médiocre importance; aussi sommes-nous porté à considérer la limite montagneuse du nord comme l'ancienne limite méridionale des *Ossismii; Corisopitum* ne serait, par conséquent, qu'un démembrement des *Venetes*. Et, remarquons-le, par cette extension du territoire des Vénètes, seraient justifiées les paroles de César, constatant l'importance de ce peuple, paroles qui sont loin d'avoir toujours été suffisamment comprises et qui expliquent cependant le rôle capital des Vénètes dans la défense de l'Armorique contre César.

« Les Vénètes, dit César, l'emportent de beaucoup en puissance » sur les peuples de toute cette partie du littoral, parce qu'ils ont un

---

1. C'est l'opinion adoptée par la Commission de topographie des Gaules dans son projet de carte du ve siècle. — Il importe cependant de remarquer que, dans une liste de noms géographiques de la Gaule, antérieure au ixe siècle, liste où le nom du peuple est souvent suivi de celui du chef-lieu, on trouve le nom de *Vorgium* précédé de celui d'*Othismus* (*Ossismii*); c'est là un texte dont les partisans de l'identité de *Vorganium* et de *Vorgium* n'ont pas usé. Le document auquel nous faisons allusion, publié autrefois par Gruter, dans le *Corpus inscriptionum*, a été réimprimé de nos jours, avec des notes, par F. Bourquelot, dans l'*Ann. de la Société des Antiquaires de France* pour 1851, p. 264-294.

2. Ce rapprochement a déjà été fait par plusieurs érudits bretons, entre autres par Latour-d'Auvergne, dans son *Précis historique sur la ville de Keraës*.

» grand nombre de navires avec lesquels ils font la traversée de la
» Bretagne, qu'ils surpassent les autres peuples dans la connaissance
» et l'expérience des choses concernant la navigation et que, maîtres
» du petit nombre de ports jetés de distance en distance sur les côtes
» sans abri de cette mer orageuse, ils ont pour tributaires la plupart
» de ceux qui la fréquentent [1]. »

M. Le Men a parfaitement démontré que ces paroles précises de
César indiquent clairement qu'alors le territoire des Vénètes était
plus étendu que ne le fut l'ancien diocèse de Vannes ; car, si l'on
admettait, avec d'Anville, que les *Ossismii* correspondissent aux diocèses de Tréguier, de Léon et de Cornouaille et les *Venetes* au diocèse de Vannes, l'empire de la mer aurait certainement appartenu
aux *Ossismii*, dont le littoral représenterait trois fois celui des Vénètes.
De plus, il remarque que sur les côtes de l'ancien diocèse de Cornouaille
on trouve vingt-huit ports maritimes, et qu'on n'en peut compter
autant dans le diocèse de Vannes [2]. Il conclut donc que, pour accorder le texte de César avec ces faits, il convient d'étendre vers le nord
le littoral des Vénètes, et assigne à ce peuple comme limite probable
les Montagnes-Noires, qui, coupant horizontalement le diocèse de
Cornouaille en deux parties, servent de limite dans leur partie orientale aux archidiaconés de Poher et de Cornouaille. M. Le Men attribue
ainsi à l'archidiaconé de Poher une population ossismienne, et considère l'archidiaconé de Cornouaille comme détaché du pays des
Vénètes. Cette opinion, fort acceptable lorsqu'on suppose que les
Bretons ont taillé des évêchés dans la péninsule sans s'inquiéter des
anciennes divisions civiles, ne peut être admise, si l'on reconnaît
avec nous le diocèse de Cornouaille comme représentant une *civitas*
de l'époque gallo-romaine. Il ne paraît pas, en effet, qu'on puisse
citer d'exemple de *civitas* formée, au temps de l'empire romain, de
fractions de plusieurs peuples : elles semblent, bien au contraire,
généralement faites d'une seule pièce détachée d'une *civitas* de grande
étendue.

1. « Hujus civitatis est longe amplissima auctoritas omnis oræ mari-
» timæ regionum earum, quod et naves habent Veneti plurimas, quibus
» in Britanniam navigare consueverunt, et scientia atque usu nautica-
» rum rerum cæteros antecedunt et in magno impetu maris atque
» aperto paucis portibus interjectis, quos tenent ipsi, omnes fere, qui
» in eo mari uti consueverunt, habent vectigalem. » (*Comm. de bello
gallico*, liv. III, c. VIII).

2. *Revue archéologique*, t. 1er de 1872, p. 96.

Il nous reste maintenant à dire notre sentiment sur l'emplacement de cette ville de *Corisopitum* qui, détachée de la *civitas Venetum*, donna son nom à une nouvelle cité. Ce ne peut être Quimper, car, entendons-nous dire de toute part, Quimper ne remonte pas au temps des Romains. Une ville antique existait, toutefois, sur la rive gauche de l'Odet, c'est-à-dire sur la rive opposée à celle de Quimper, à un kilomètre environ au-dessous de la ville moderne, au lieu où s'élève aujourd'hui le village de Locmaria ; là seulement on trouve des débris romains. La tradition du moyen-âge donnait à ce lieu la qualification de *civitas*, qu'elle ne décerne jamais à tort. Un texte du xı[e] siècle désigne, en effet, l'église de Locmaria sous le nom de « Sancta Maria *in Aquilonia civitate* [1], » et cette ville était certainement considérée comme le premier siège de l'évêché, puisque Adrien de Valois a vu d'anciens martyrologes qualifiant saint Corentin d'*episcopus civitatis Aquilæ* [2]. Nous n'hésitons donc pas à voir dans la ville romaine de Locmaria le *Corisopitum* du ve siècle, remplacé, à une époque que nous ignorons, par la ville bretonne de Quimper. En vain objectera-t-on que le nom de *Corisopitum* n'est pas resté attaché aux ruines. Cette dénomination a été transportée par la société ecclésiastique à la ville qui recueillit l'évêque dont le titre était toujours *episcopus Corisopitensis*, et les ruines de la vieille cité romaine conservèrent la qualification de *civitas* qui souvent accompagne seule les débris : ainsi, la métropole de la Novempopulanie, Eauso, tomba au ıx[e] siècle et ses ruines conservèrent la qualification de *Cieutat*, tandis qu'une bourgade qui s'éleva à peu de distance recueillit le vieux nom d'Eause ; de même aussi, l'ancienne ville capitale des *Bigerriones*, que Tarbes remplaça peut-être au xı[e] siècle, n'a gardé de son passé que le nom de *Cieutat*, perdant pour toujours son nom propre [3]. C'est aussi en vain qu'on se taxerait de la dénomination d'*Aquilonia*, *Aquilo* ou *Aquila*, attachée aux ruines de la ville de *Corisopitum*, et dont la science ne peut encore donner une explication raisonnable ; on ne peut, pour cette raison, refuser de tenir compte de la qualification de *civitas* conservée par la tradition du xı[e] siècle.

1. Dom Morice, *Preuves*, t. Ier, p. 390.
2. *Notitia Galliarum*, p. 166, c. 2.
3. Nous traiterons plus particulièrement la question de l'emplacement du chef-lieu des *Bigerriones*, dans une étude que nous préparons sur la géographie de la Gaule d'après Grégoire de Tours.

II.

Civitas Diablintum.

Nous avons déjà dit, dans la première partie de notre mémoire, que la comparaison de la Troisième Lyonnaise avec la province ecclésiastique de Tours antérieure à 1789 conduit à cette conclusion : les sept premières cités de la Troisième Lyonnaise correspondent, quant aux noms, à sept évêchés de la province de Tours dont la révolution ecclésiastique accomplie en 848, par Noménoé, ne changea pas les conditions d'existence. En dehors de ces sept cités, la Troisième Lyonnaise comprenait la *civitas Ossismorum* et la *civitas Diablintum;* en dehors de ces sept diocèses, la province de Tours comptait, en 848, deux autres évêchés, l'*episcopatus Oximensis* et l'*episcopatus Dialetensis* ou *Aletensis*, qui, à cette époque, firent place aux cinq diocèses de Léon, de Tréguier, de Saint-Brieuc, de Saint-Malo et de Dol. Or, il ne peut y avoir divergence d'opinion sur la situation de la *civitas Ossismorum* et de l'*episcopatus Oximensis;* car on sait que les *Ossismii* habitaient à l'extrémité de la péninsule armoricaine, et on ne peut raisonnablement leur attribuer pour résidence que les diocèses de Léon et de Tréguier. En face d'une répartition aussi logique de la province ecclésiastique de Tours entre les *civitates* de la Troisième Lyonnaise, il faudrait, croyons-nous, être aveuglé par des idées préconçues pour ne pas identifier l'*episcopatus Dialetensis* de 848 avec la *civitas Diablintum*, et pour ne pas reconnaître que les diocèses de Saint-Brieuc, de Saint-Malo et de Dol devaient constituer le territoire de cet ancien évêché, et antérieurement la circonscription de cette *civitas*.

Le vaste territoire qu'il convient d'attribuer à la *civitas Diablintum* n'est cependant pas uniquement formé du pays des anciens *Diablintes;* il comprenait aussi celui des Curiosolites, peuple mentionné par César et par Pline et qui, avant l'époque de la rédaction de la *Notitia*, c'est-à-dire avant le commencement du ve siècle, avait perdu son autonomie et avait dû, sans doute, être uni aux Diablintes; nous avons montré plus haut que ce fait d'annexion d'un peuple, autrefois indépendant, à un peuple voisin, n'était pas un fait isolé [1].

_____

1. Voyez plus haut.

Avant d'examiner les textes qui peuvent fortifier ou infirmer notre sentiment sur la situation des Diablintes, sentiment qui est, nous le reconnaissons, en complet désaccord avec l'opinion généralement admise depuis plus d'un siècle, nous croyons utile de rappeler les diverses conjectures produites par les savants qui, depuis le xve siècle, ont étudié la géographie des Gaules.

Raymond Marliani, savant italien de la seconde moitié du xve siècle, et qui était, paraît-il, l'homme le plus docte de son temps, traduisait le nom des *Diablintes* par celui de *Léon doul* (ou *Léondol*), réunissant ainsi les noms de deux sièges épiscopaux séparés par trois autres diocèses [1]. L'opinion de Marliani semble avoir été toute puissante au xvie siècle ; elle trouva cependant quelques rebelles, et Scaliger, par exemple, préférait laisser le nom de la *civitas Diablintum* sans traduction.

En Bretagne, au contraire, on s'attacha à spécifier quelle partie du littoral nord de cette province on pouvait assigner aux Diablintes. Ainsi, en 1588, d'Argentré disait que leur pays comprenait les diocèses de Saint-Malo et de Dol, et faisait observer que des terres voisines de Dol portaient encore le nom de Diablères ; il y avait aussi, dit-il, dans cette région, des familles appelées Le Diable. Quant à *Noïodunum*, que Ptolémée dit être la capitale des Diablintes, il le plaçait à Châteauneuf, au diocèse de Saint-Malo [2]. Ces rapprochements de noms sont puérils, mais l'opinion que d'Argentré émettait sur la situation des Diablintes méritait qu'on s'y arrêtât, car elle était conforme à ce que César et Ptolémée nous apprennent de ce peuple.

Il faut descendre, croyons-nous, jusqu'en 1645, pour trouver une nouvelle hypothèse au sujet des Diablintes. C'est celle de Sanson [3], qui, s'appuyant sur le nom générique d'*Aulerci*, attribué par Ptolémée à ce peuple qu'il nomme *Diaulitæ* (Διαυλίται) déclare que les Diablintes devaient nécessairement faire groupe avec les *Aulerci Eburovices* et les *Aulerci Cenomanni*, et les emploie comme trait d'union entre ces deux peuples, dont les diocèses d'Évreux et du

---

1. Nous citons le travail de Raymond Marliani (« Veterum Galliæ locorum, populorum, urbium, montium ac fluviorum alphabetica descriptio ») d'après la réimpression qui s'en trouve à la suite de l'édition des Commentaires de César donnée à Paris, en 1543, chez Vascosan.

2. D'Argentré, *L'Histoire de la Bretaigne*, 1re édition, p. 60.

3. *Remarques sur la carte de l'ancienne Gaule, tirées des Commentaires de César*, verbo *Diablintes*.

Mans représentent les territoires : il les place, par conséquent, dans le Perche et retrouve la dénomination de leur capitale *Notodunum* dans celle de Nogent-le-Rotrou, ville dont le nom primitif ne peut être cependant différent de *Novientum*; mais, à cette époque, on n'était pas exigeant sur la traduction des noms géographiques.

Si l'opinion de Sanson paraît avoir été partagée, pendant près d'un siècle, par les personnes étrangères à la géographie de la Bretagne, elle fut cependant combattue par Valois [1]. Ce savant objecte, avec justesse, que la dénomination d'*Aulerci* n'impliquait pas, aussi sûrement que le voulait Sanson, une relation de voisinage entre les Diablintes et les autres peuples Aulerques. « Si tous les peuples » Aulerques étaient nécessairement limitrophes, il faudrait aussi, » observe-t-il, que le pays des *Aulerei Brannovices*, que César, au » livre vii de la *Guerre des Gaules*, désigne, avec les Segusiaves, » comme clients des Eduens, fût contigu à ceux des *Aulerei Ceno-* » *manni, Eburovices* et *Diablintes.* » L'éminent géographe rappelle alors, contre l'argument de Sanson, que, dans des régions différentes de la Gaule, on rencontrait les Bituriges Cubes et les Bituriges Vivisques. Enfin, s'appuyant sur Pline et sur Ptolémée, Valois estime que les Diablintes doivent être cherchés dans la Bretagne armoricaine.

C'est en 1739 que se produisit l'opinion que chacun admet aujourd'hui au sujet des Diablintes [2]. L'abbé Lebeuf ayant remarqué, dans d'anciens documents relatifs à l'histoire ecclésiastique du Maine, les mentions d'une *condita* ou *vicaria* et d'une *ecclesia Diablintica*, de la *parochia Deablintica*, d'un *opidum Diablentis juxta ripam Aroenæ fluvii*, d'un *vicus Diablintæ*, reconnut que tous ces termes se rapportaient au territoire, à l'église et au bourg de Jublains, localité du diocèse du Mans où se trouvent de grands vestiges de l'époque romaine, et dont le nom est dérivé de celui de *Diablintes* ou *Diablinti* par la consonification de l'*i* qui suit la lettre initiale, comme notre mot *jour* est dérivé du latin *diurnus.* Tout en reconnaissant que Jublains représentait une localité de l'époque mérovingienne du nom de *Diablintes*, le judicieux abbé ne prétendait pas trancher la question de la situation du peuple diablinte, car il déclare ne pas « nier qu'il

1. *Notitia Galliarum*, p. 65.
2. *Observations historiques et géographiques sur le pays du Maine* (p. 163 et suiv. du tome Ier des *Dissertations sur l'histoire ecclésiastique et civile de Paris*, de l'abbé Lebeuf).

» n'ait pu exister dans les Gaules, ailleurs que dans le diocèse du
» Mans, des peuples appelés *Diablintes* ou *Diablentes*. »

D'Anville eut certainement tort de ne pas garder, dans l'article
Diablintes de la *Notice de l'ancienne Gaule* [1], publiée en 1760, la
même réserve que l'illustre érudit auquel il empruntait, sans le nom-
mer du reste, la synonymie des noms *Diablintes* et Jublains. Il
n'admet aucun doute sur la position des Diablintes de César, et considère Jublains comme le chef-lieu de ce peuple. Il attribue naturel-
lement à cette ville l'ancien nom de *Noiodunum*; mais le rapprochement qu'il cherche à faire entre cette dénomination et celle de
Nudionnum de la Table de Peutinger, ne peut nullement servir à
confirmer son hypothèse, même si l'on considère *Nudionnum* comme
une mauvaise leçon; en effet, bien que *Nudionnum* semble figurer
dans la Table comme celui d'une station de la voie de Bayeux
(*Arægenus*) à *Subdinnum* (le Mans), l'omission de la distance qui
le séparait de ces villes ne permet d'en fixer l'emplacement que d'une
façon arbitraire.

La solution proposée par d'Anville a néanmoins cet avantage de
placer le chef-lieu de la *civitas Diablintum* dans un endroit qui a
porté le nom de *Diablintes*; mais cette dénomination ne nous semble
pas avoir plus de valeur dans l'espèce que n'en a, pour fixer l'emplacement de la *civitas Ossismorum* ou *Oximorum*, le nom d'Exmes
(*Oximii*), porté par un lieu de la *civitas Saiorum* qui jouissait à
l'époque franque d'une certaine importance, et auquel on a attribué,
fort à tort, suivant nous, la mention de l'*episcopus Oxomensis* du
concile d'Orléans de 511. Jublains peut fort bien devoir son nom à
une colonie de Diablintes, mais il n'est certainement pas le chef-lieu
de la *civitas* même, car, s'il l'eût été, un évêque s'y serait installé dès
l'époque où l'on rencontre des évêques du Mans et de Rennes, et on
trouverait certainement, à l'époque franque, la mention d'un *pagus
Diablintensis*. Tout au contraire, Jublains n'eut jamais d'évêque, et,
compris dans le diocèse du Mans, on le voit donnant son nom à une
subdivision du *pagus Cenomannensis*, c'est-à-dire à la *condita* ou
vicaria Diablintica [2], et il ne parvint, à aucune époque, au rang de
chef-lieu d'un des sept archidiaconés de l'évêché dont il faisait partie;

1. Pages 266-267.
2. Le territoire de la *vicaria* ou *condita Diablintica* n'a, comme celui
des autres divisions de cet ordre, que fort peu d'étendue, et on ne peut
prétendre y placer le gros du peuple des Diablintes.

il n'est pas même le siège d'un des nombreux doyennés qui composent chacune de ces divisions [1]. Ce n'est certainement pas un sort digne de la capitale d'une *civitas* gallo-romaine. Mais on ne doit pas oublier que certains peuples de la Gaule comptaient des homonymes à une certaine distance du pays qu'ils habitaient ; que l'on trouvait, par exemple, des *Centrones* ou *Ceutrones* ailleurs que dans les Alpes Graies, puisqu'un peuple, client des *Nervii*, portait le même nom ; qu'il y eut une peuplade boïenne chez les *Ædui* et une autre tribu de même nom au sud de Bordeaux ; qu'on connaît les *Meduli* de Gascogne et les *Medulli* des Alpes. Ces exemples, qui pourraient être sûrement multipliés si la géographie des Gaules n'avait pas de secrets pour nous, doivent suffire à montrer qu'il ne faut pas s'acharner à vouloir placer à Jublains le gros de la nation diablintique. Nous pouvons, après ces préliminaires, examiner les textes relatifs aux Diablintes.

La plus ancienne mention des Diablintes se trouve dans César. Cet historien, parlant des préparatifs de guerre des Vénètes, rapporte qu'ils se liguèrent avec les Ossismiens, les Lexoves, les Nannètes, les Ambiliates, les Morins, les Diablintes, les Ménapiens, et envoyèrent demander des secours dans la Bretagne, « qui, dit-il, est située vis-à-vis de ces peuples [2]. » Ce passage, le seul où César nomme les Diablintes, est fort précieux pour l'enseignement de leur situation, car on sait que les Vénètes se préparaient à soutenir une campagne maritime contre César et que, à cet effet, · durent n'associer à la lutte que des peuples du littoral ; l'énumération donnée par le conquérant montre, du reste, qu'ils s'unirent à des nations maritimes fort éloignées, les Morins et les Ménapiens, fait significatif, vu l'absence complète de ceux des peuples voisins des Vénètes, qui habitaient l'intérieur du pays. De plus, il faut reconnaître que César donne implicitement à tous les alliés des Vénètes la qualité d'habitants du

1. On pourrait objecter que la division du diocèse du Mans par archidiaconés et par doyennés, telle qu'elle existait en 1789, ne remonte qu'à l'an 1230 ; mais la charte par laquelle l'évêque Maurice établit ces divisions permet de connaître les archiprêtrés entre lesquels le diocèse du Mans était partagé avant cette date. (Voyez cette pièce chez Cauvin, *Géographie ancienne du diocèse du Mans*, instrum., p. LXXXVI).

2. « Socios sibi ad id bellum Osismios, Lexovios, Nannetes, Ambiliatos » Morinos, Diablintres, Menapios asciscunt : auxilia ex Britannia, *quæ* » *contra eos regiones posita est*, arcessunt. » (*Comm. de bello gallico*, liv. III, c. 10).

littoral, puisqu'il dit que leurs territoires faisaient face à l'île de Bretagne, allégation qui n'est nullement constestable en ce qui touche ceux de ces peuples dont la position n'est l'objet d'aucun doute, c'est-à-dire pour les Ossismiens, les Lexoves, les Nannètes, les Morins et les Ménapiens. Aussi regardons-nous ce texte comme un argument spécieux pour établir une distinction entre les *Diablintes* de César et la population de Jublains.

Ce que Pline nous apprend n'a pas une aussi grande importance dans la question qui nous occupe. Pline nomme les *Diablindi* parmi les peuples de la Gaule Lyonnaise ; mais, comme il ne tient pas, dans son énumération, un compte rigoureux de l'ordre topographique des nations, on ne peut pas tirer une preuve formelle de la situation des *Diablintes* de ce qu'il les nomme entre les Curiosolites et les Rhedones [1].

Le passage de Ptolémée est plus intéressant, car, bien qu'on ne puisse accorder une bien grande valeur à la géographie de cet auteur, surtout pour ce qui concerne la Gaule, on ne peut se refuser à constater que, s'il connaît fort mal l'intérieur de ce pays, il a des notions assez exactes sur le littoral. Nous croyons donc qu'on ne saurait trop remarquer combien il rapproche les *Diaulitæ* (Διαυλῖται), c'est le nom qu'il donne aux Diablintes, des Ossismiens et des Vénètes. Selon lui, les *Diaulitæ* habitent à l'intérieur des terres, à l'est des Vénètes, et leur ville, *Notodunum*, n'était situé qu'à un sixième de degré de latitude au sud et à un tiers de degré de latitude à l'est de *Vorganium*, la capitale des *Ossimii*, qu'il place non loin de la côte septentrionale de la péninsule armoricaine. *Notodunum*, placé par Ptolémée au nord-est de *Dariorigum* (Vannes), la capitale des Vénètes, est éloignée de cette ville, d'après son calcul de deux tiers de degré de latitude et de trois quarts de degré de longitude [2]. Ainsi, si l'on accorde quelque confiance au célèbre géographe grec, en ce qui concerne les contrées voisines de la mer, on placera, d'après ses indications, la ville des Diablintes dans l'ancien diocèse de Saint-Malo, position convenable par rapport aux Vénètes, à *Dariorigum* et à *Vorganium*, que Ptolémée place non loin de la mer britannique.

1. « ... Cariosuellites, Diablindi, Rhedones... » (*Historia naturalis*, liv. IV, c. 32).

2. *Notodunum* est situé, suivant Ptolémée (l. II, c. 7, § 7), à 18 degrés de longitude et à 50 degrés de latitude, tandis que *Dariorigum* (l. II, c. 7, § 6), serait placé à 17 degrés 1/3 de long. et à 49 1/6 de lat.

On ne saurait trop remarquer combien cette conclusion est en accord avec celle que nous dictait une étude désintéressée de la *Notitia*. Rapprochée du texte de César, elle nous permet d'attribuer aux Diablintes la plus grande partie du littoral des diocèses de Saint-Malo et de Dol; la plus grande partie de ce littoral, disons-nous, car, lorsqu'on parle de la Gaule de César, il faut réserver la position des Curiosolites, auxquels devait appartenir la partie la plus occidentale des côtes du diocèse de Saint-Malo. Nous arrivons ainsi à placer les Diablintes entre les Curiosolites et les Rhedones, conformément au texte de Pline, dont nous ne voulons pas cependant nous prévaloir.

Dans cette hypothèse, il convient d'attribuer aux Curiosolites tout le diocèse de Saint-Brieuc et une faible partie de celui de Saint-Malo, puisque leur chef-lieu, Corseult, compris plus tard dans ce dernier diocèse, n'était éloigné que de deux lieues à peine de l'Arguenon, limite commune des deux évêchés. Ainsi, la *civitas Diablintum* du ve siècle, formée par la réunion des Curiosolites et des Diablintes, devait comprendre les trois diocèses de Saint-Brieuc, de Saint-Malo et de Dol.

Cette partie de la Bretagne était celle qui, de l'aveu de tous les savants bretons, formait, avant 848, l'évêché dont le prélat est mentionné, sous le nom d'*episcopus Dialetensis* ou *Aletensis*, dans les récits de la révolution ecclésiastique accomplie par Noménoé. Nous avons déjà dit notre sentiment sur la variante *Aletensis* ou *Dialetensis*, dont le savant M. de La Borderie conteste l'opportunité : nous nous sommes arrêté à voir dans l'adjectif *Dialetensis* la dénomination véritable de l'évêché du pays des Diablintes, dénomination évidemment altérée ou dérivant d'une forme du nom de ce peuple presque identique à celle qu'employait Ptolémée. Nous rappellerons encore que l'adjectif *Dialetensis* se trouve aussi dans le récit des événements contemporains de Noménoé : on sait, en effet, que dans la guerre de 843, Lambert, ancien comte de Nantes et allié de Noménoé, ayant été autorisé par ce prince à lever des troupes dans ses États, enrôla des *Britanni Dialetenses*, qu'il attendait lorsque les Bretons furent défaits par Renaud, comte de Poitiers et de Nantes, chef de l'armée franque, près de la limite du diocèse de Saint-Malo [3].

Malgré l'existence de l'adjectif *Dialetensis*, il semble que la tradition du xie siècle conservait le souvenir de la *civitas Diablintum*

1. « Lambertus autem expectans Britannos Dialetenses... » Dom Morice, *Preuves*, t. 1, p. 130).

sous une forme bien plus rapprochée de la forme classique. En effet, une Vie de saint Viau, ermite du pays de Retz, dont une partie au moins, celle-là même qui contient le texte intéressant pour nous, daterait du xi° siècle, parle des invasions des Normands au ix° et au x° siècles; elle rapporte que les bandes dévastatrices ravagèrent la Bretagne et pillèrent la ville métropolitaine de Dol et sept cités qui lui étaient soumises, à savoir: Vannes, Carhaix, Quimperlé, Quimper-Corentin, *Portus Saliocan, Diablentic* ou *Diablinticum* et Saint-Pol-de-Léon, « qui sont, depuis longtemps et encore aujour-
« d'hui, désignées sous d'autres noms [1]. » Ainsi, l'hagiographe in-
dique *Diablinticum* comme le nom d'une cité bretonne, et il n'y a pas à objecter que cet auteur pouvait ignorer la topographie de l'Ouest; l'énumération des sept autres villes bretonnes l'en défen-
drait suffisamment, si la mention des diverses cités situées sur les bords de la Loire et indiquées par lui suivant l'ordre dans lequel on les trouve en remontant ce fleuve (Nantes, Angers, Tours, Orléans et Nevers), ne démontrait suffisamment qu'on n'a pas affaire à un écrivain vulgaire. Son témoignage nous semble donc une des meil-
leures preuves de la position des Diablintes dans la péninsule armo-
ricaine; nous ne croyons pas cependant qu'il ait encore été remarqué.

Bien que nous ne conservions aucun doute sur le véritable emplacement du pays des Diablintes, nous ne pouvons émettre actuelle-
ment aucune hypothèse sur la situation de son chef-lieu. On ne trouve, après le xi° siècle, aucun nom, dans les documents histori-
ques ni dans les documents diplomatiques, qui rappelle le souvenir des Diablintes; il ne faut cependant pas désespérer de retrouver un jour les vestiges de cette cité. Les gloses jointes à la *Notitia civitatum Galliæ* par les copistes du x° et du xi° siècle [2] prouvent que,

1. « Hi itaque detestandi prædones Britanniæ regionem... populantur
» et funditus disperdunt; tunc metropolis Dolus et septem ei subjacentes
» civitates, miris propugnaculis munitæ, quarum hæc nomina sunt:
» Venetiæ, Kerahes, Corisopitus ad Ellam fluvium, Corisopitus Coren-
» tini, Portus Saliocan, *Diablentic*, et civitas sancti Pauli, quibus olim
» et etiamnum alia nomina sunt, viduatæ ac exhaustæ fuerunt. » (*Acta
Sanctorum*, t. VII d'octobre, p. 1098). M. de La Borderie (*Annuaire
histor. et archéol. de Bretagne*, ann. 1861, p. 160, note 1,) cite un manuscrit de la Vie de saint Viau, conservé à Rennes, où on lit *Diablinticum* au lieu de *Diablentic*.

2. Guérard, *Essai sur le système des divisions territoriales de la
Gaule*, p. 15, aux variantes.

dès cette époque, le souvenir des *Diablintes* ne subsistait plus ; car un groupe de manuscrits, datant du x° siècle et des siècles suivants jusqu'au xv°, mentionne alors la *civitas Diablintum que alio nomine Aliud vel Adala vocatur*. Un autre manuscrit, remontant aussi au x° siècle, mais dont la glose n'est pas reproduite dans d'autres copies, ajoute aux mots *civitas Diablintum* la note : *id est Carifes*. Que signifient les noms d'*Adala* et de *Carifes* ? Nous ne pouvons le dire, mais ils démontrent que jamais la tradition ni la science du moyen-âge n'ont dévoyé au point de voir dans la *civitas Diablintum* une fraction du diocèse du Mans, car la vieille glose, *id est Carifes*, vise sans doute une de ces nombreuses localités bretonnes dont le radical préfixe est le mot breton *ker* (maison). Nous ne croyons pas cependant, avec quelques chercheurs, que *Karifes* représente *Ker-feunteun*, lieu voisin de Dol, dont le nom signifie « maison de la fontaine », ni qu'*Adala* désigne la ville même de Dol ; ces rapprochements de noms ne méritent pas d'être discutés. Nous pensons qu'on doit attacher plus d'attention à l'opinion qui voit dans *Aliud* une forme du nom d'Alet (*Aletum*), qui, après avoir été, depuis le vi° siècle, le siège d'un évêque régionnaire, supérieur d'un monastère breton, devint en 848 le siège définitif d'un des nouveaux évêchés. Il ne faut pas cependant oublier qu'Alet ne saurait être considéré comme le chef-lieu de la *civitas Diablintum*, puisque la *Notitia dignitatum*, rédigée au temps d'Arcadius et d'Honorius, nous fait connaître *Aletum* comme l'un des postes militaires de l'Armorique [1].

III.

Civitas Namnetum.

S'il est un diocèse en Bretagne qui semble, mieux que tout autre, avoir pu conserver intactes les limites de la cité qu'il représente, c'est certainement celui de Nantes. Borné à l'ouest par l'Océan, et de tous autres côtés par des évêchés incontestablement anciens, c'est-à-dire par des évêchés portant le nom d'anciennes *civitates* [2], on peut croire

1. « *Præfectus Martensium, Aleto.* » (*Notitia dignitatum in partibus occidentis*, édit. Bœcking, p. 107.
2. Au nord-ouest par le diocèse de Vannes, au nord-est par celui de Rennes, à l'est par celui d'Angers et au midi par celui de Poitiers.

que ses limites ont eu peu de chances de variation. Il n'en est rien cependant, car les limites de l'évêché de Nantes se sont étendues, au sud de la Loire, aux dépens de l'évêché de Poitiers ; d'autre part, la plus grande partie de son territoire ancien a failli devenir au ix⁰ siècle la proie de l'évêque de Vannes ; au nord-est, il paraît avoir perdu une dizaine de paroisses passées au diocèse de Rennes, et à l'est enfin, c'est-à-dire vers le diocèse d'Angers, on peut croire, d'après un passage de la Chronique de Nantes, que son territoire s'est restreint. Nous examinerons successivement chacune de ces modifications.

A. — LIMITE DU DIOCÈSE DE POITIERS. — On a toute une série de preuves pour établir que la *civitas Namnetum* était séparée de la *civitas Pictonum* par la Loire.

1⁰ Strabon dit que la Loire coulait entre les Pictones et les Namnètes [1].

2⁰ Ptolémée considère aussi la Loire comme la limite de ces deux peuples, puisque, suivant lui, ce fleuve séparait la Lyonnaise et l'Aquitaine [2]. En outre, comme on doit tenir un certain compte du témoignage de ce géographe lorsqu'il parle de lieux voisins du littoral, nous rappellerons qu'il indique les deux villes des Pictones sous les noms de *Ratiatum* (Ραπατου) et *Limonum* (cette dernière, le Poitiers moderne), en plaçant *Ratiatum* à fort peu d'intervalle de l'embouchure de la Loire, c'est-à-dire à un sixième de degré de latitude à l'est et à une égale distance de longitude au sud de ce point [3], position qui ne saurait convenir qu'à Rézé, bourg situé sur la rive gauche de la Loire, en face de Nantes, où l'on trouve des traces incontestables du séjour des Romains. Le nom de *Rézé*, aussi certainement dérivé du nom *Ratiatum*, *Ratiate* ou *Raciate*, par l'attraction de l'*i* et l'adoucissement du *t* (= *c* doux), en *s*, que les mots *raison* du latin *rationem* et *oraison* d'*orationem*, le nom de Rézé appuie certainement cette identification [4].

1. Livre IV.
2. Livre II, c. VI, § 3-4.
3. Ptolémée place l'embouchure de la Loire à 17 degrés 2/3 de longit. et 48 1/3 de latitude ; suivant le même géographe, *Ratiatum* serait situé à 17 degrés 5/6 de longit. et 48 1/3 de latit. (liv. II, c. VI, §§ 2 et 6).
4. Nous insistons sur l'identité de ces deux noms, parce que Bizeul niait en 1856, dans son travail intitulé : *De Rezay et du pays de Rais* (tome IV de la *Revue des Provinces de l'Ouest*, p. 234,) que le nom de *Rézé* représentât celui de *Ratiate*, et qu'en conséquence il cherche ailleurs cette ville des *Pictones*.

3° Parmi les évêques qui souscrivirent au concile d'Orléans en 511, on remarque Adelphius, évêque de Poitiers, que certains manuscrits qualifient *episcopus de civitate Ratiatica* ou de *Ratiate* [1]. Ainsi, en 511, comme au temps de Ptolémée, *Ratiatum* était en quelque sorte une seconde capitale des *Pictones*, et la situation de cette ville en face de Nantes et sur la rive gauche de la Loire montre certainement que ce fleuve séparait les diocèses de Poitiers et de Nantes.

4° Grégoire de Tours nous fournit une autre preuve de l'extension du diocèse de Poitiers jusqu'à la Loire, en désignant Rézé, sous le nom de *vicus Ratiatensis*, comme un point du territoire poitevin touchant à la cité de Nantes. « En ce lieu, dit-il, repose un certain » Lupianus qui, à ce que l'on rapporte, avait reçu du bienheureux » pontife (de Poitiers) Hilaire, le don du baptême, et, comme nous » l'avons dit, sortit peu après du monde. [2]. »

C'est donc postérieurement à Grégoire, dont les expressions sont formelles au sujet de la situation de Rézé dans le pays de Poitiers et non dans celui de Nantes, c'est donc après le VIᵉ siècle que *Ratiatum*, et par conséquent toute la partie de l'ancien diocèse de Nantes composée des doyennés de Rais et de Clisson et comprise au sud de la Loire, fut détaché du diocèse de Poitiers. On ne peut toutefois préciser l'époque de cet évènement : ce fut probablement, comme on l'a souvent répété, en 852, époque à laquelle Charles le Chauve, vaincu par Erispoé, roi des Bretons, lui donna l'investiture des cités de Rennes et de Vannes et du territoire de Rézé, c'est-à-dire du *Ratense* ou pays de Rais, dont le nom s'est depuis restreint à la portion occidentale du territoire. Ce fait, attesté par un écrit contemporain et d'une grande valeur historique (les Annales de Prudence, évêque de Troyes [3]), dut amener l'union de l'ancien pays de Rais au diocèse de Nantes : cette union avait probablement pour but d'éviter les conflits qui pouvaient résulter des relations du roi breton

1. Labbe et Cossart, *Sacrosancta Concilia*, t. IV, c. 1411.

2. « Infra ipsum Pictavorum terminum, qui adjacet civitati Namne- » tico, id est in vico Ratiatensi, Lupianus quidam in albis transiens » requiescit.... » (*De Gloria confessorum*, c. 54).

3. « Respogius, filius Nomenogii, ad Karolum veniens, in urbe Ande- » gavorum datis manibus suscipitur, et tam regalibus indumentis quam » paternæ potestatis ditione donatur, additis insuper ei Redonibus, Nam- » netis et Ratense. » (*Annales Bertiniani*, anno 851).

avec l'évêque de Poitiers, à moins qu'elle n'ait été faite à l'intention d'arrondir l'évêché de Nantes, réduit alors, dans les mains d'Actard, au seul doyenné de Nantes. Nous assignerions certainement la date de 852 à ce démembrement du diocèse de Poitiers, si la Chronique de Nantes, écrite au xi⁰ siècle, à l'aide de documents plus anciens dont la plupart sont aujourd'hui perdus, ne semblait indiquer les pays d'Herbauge, de Mauges et de Tiffauges, situés au-delà de la Loire et possédés pendant un certain laps de temps par les ducs de Bretagne, comme dépendant, même avant 843, du comté de Nantes. « Lambert s'emparant du comté de Nantes, dit le chroniqueur, donna » à ses guerriers, c'est-à-dire à Gonfier, son neveu, le pays d'Her- » bauge; à Renier, le pays de Mauges, et à Giraud, le pays de Tif- » fauges, et les leur concéda à titre héréditaire [1]. » — Cependant, dans le cas où on attribuerait à Erispoé l'annexion au diocèse de Nantes du *pagus Ratensis*, il faudrait reconnaître que la nouvelle limite méridionale de ce diocèse dut subir les mêmes variations, au x⁰ et au xi⁰ siècles, que la limite méridionale de la Bretagne; on sait, en effet, par la Chronique de Nantes, que vers le milieu du x⁰ siècle, la domination des ducs de Bretagne s'étendait, au sud de la Loire, bien au-delà des limites que le diocèse de Nantes con- servait en 1789. C'est à cette époque qu'Alain Barbe-Torte s'entendit avec Guillaume Tête-d'Étoupe, comte de Poitiers, pour déterminer les limites des trois pays d'Herbauge, de Mauges et de Tiffauges : le Layon à l'est, le Lay au sud, l'Océan à l'ouest, bornèrent le territoire breton d'Outre-Loire, territoire qu'Alain posséda tranquillement jus- qu'à sa mort [2].

1. « Lambertus autem, qui hæc omnia perpetrorat, comitatum Nanne- » ticum invadens, militibus suis distribuit scilicet Gunferio, nepoti suo, » regionem Herbadillam, Rainerio Malliam, Giraldo Theofalgiam, quæ » omnia illis jure hereditario concessit. » (Chron. Nannetense, apud Dom Morice, *Preuves*, t. 1, c. 138).

2. « Iste enim Alanus (Barbatorta) fuit vir potens... habens et possi- » dens omnem Britanniam, fugatis inde Normannis, sibi subditam, et » Redonicum pagum et Nanneticum et etiam trans Ligerim Medal- » gicum, Theofalgicum et Herbadillicum. De quibus cum comite Picta- » viensi Guillelmo, cognomine Caput de stupis, finem facit, sicut ipsi » pagi terminant : id est a flumine Ladionis in Ligerim descendente » usque ad Irumnam flumen et Petram Fictam et Ariacum et flumen » Ledil quod in mare occidentale decurrit. » (Chron. Nannet. apud Dom. Morice, *Preuves*, 146).

B. — Limite du diocèse de Vannes. — Les luttes de Noménoé contre les membres de l'épiscopat, à l'époque de son couronnement, faillirent amener un grand changement dans la limite septentrionale du diocèse de Nantes. Au reste, voici les faits : Noménoé ayant chassé, en 848, du siége épiscopal de Nantes, l'évêque Actard, dont la conduite témoignait de son attachement aux Francs, le remplaça par Gislard ; mais après la mort de Noménoé (851), Erispoé, son fils et successeur, rétablit Actard à Nantes. Actard ne put toutefois recouvrer l'autorité sur tout son ancien diocèse, car son compétiteur Gislard, reçu par les habitants de Guérande, alors nommée *Aula Quiriaca* [1], réussit à se former un évêché particulier du pays compris entre l'Erdre, la Vilaine et le Samnon, c'est-à-dire justement de la partie du diocèse de Nantes que les pouillés désignent sous le nom d'archidiaconé de la Mée (*de Media*) et qui comprenait à peu près les trois quarts du diocèse primitif. Quant à Actard, il put trouver une compensation à la perte de ce vaste territoire dans l'annexion du grand pays de Rais, que Charles le Chauve cédait officiellement, à ce moment même, à Erispoé. La mort de Gislard ne fit pas toutefois rentrer la région où il s'était maintenu au pouvoir de l'évêque de Nantes : la séparation des deux tronçons se prolongea pendant près d'un demi-siècle. Ce fut seulement vers le commencement du xᵉ siècle que Foucher, alors évêque de Nantes, fort de la faveur d'Alain le Grand, osa revendiquer et prendre possession du pays de la Mée, dont les évêques de Vannes s'étaient, paraît-il, emparé à la mort de Gislard [2]. C'est ainsi que le diocèse de Nantes recouvra ses limites vers le diocèse de Vannes.

1. « Porro Gislardus quem Nemenoius rex episcopum Nannetensem
» instituerat, ab eadem civitate recessit, et Britonum potentia apud Aulam
» Quiriacam quæ ab ipsis Britannis illius loci incolis nunc Guerrandia
» nuncupatur, prius autem de jure episcoporum Nannetensium erat,
» hospitatus est. Ubi usurpative sedem suam faciens Gislardus totam
» parochiam Nannetensem rescidit a fluvio Heredo usque Vicenoniam
» et Semenonem, et eam retinuit quamdiù in humanis vixit. » (*Chron.
Nannet.*, chez Dom Morice, *Preuves*, t. 1, c. 140).

2. « Fuit Fulcherius Alano valde familiaris et præceteris totius Britan-
» niæ episcopis dilectus, et parochiam Nanneticam, a predecessoribus
» suis ablatam, ausus est usque Vicenoniam invadere et ecclesias dedicare
» per ministerium episcopale, quamvis Venetenses episcopi post mortem
» Gislardi eam invaserant. » (*Chron. Nannet.*, chez Dom. Morice, *Preuves*,
t. 1, c. 144).

C. — Limite du diocèse de Rennes. — Nous avons indiqué, d'après la Chronique de Nantes, le Samnon, affluent de la Vilaine, comme la limite partielle du territoire qui, après 851, continua de reconnaître l'autorité de Gislard. Or, le diocèse de Nantes, tel qu'il subsistait en 1789, n'atteignant cette rivière que vers Soulvache, on doit supposer que, de ce côté, les limites du diocèse ont varié. Cette conjecture tire une certaine force d'une charte de 1062 ayant pour objet un procès entre les abbayes de Redon et de Marmoutiers, au sujet de l'église de Béré ; « ce procès fut, dit la charte, porté devant » l'évêque de Nantes, Quiriace, au diocèse duquel sont soumises » toutes les églises situées entre la Chère et le Samnon et, par con- » séquent, l'église de Béré [1]. » Bien que l'église de Béré, comprise dans le finage de Châteaubriand et sur la rive droite de la Chère, n'ait pas cessé d'appartenir au diocèse de Nantes, on ne peut nier qu'il ne faille tenir compte des deux témoignages qui attribuent à l'ancien évêché de Nantes toute la rive gauche du Samnon. Le dio- cèse de Nantes aurait donc perdu, depuis 1062, deux groupes de paroisses que sépare le finage de Soulvache et qui furent annexées au diocèse de Rennes ; ce sont : Pléchâtel, Messac, Bain, Saint- Sulpice-des-Landes, Ercé, Teillé (du doyenné de Bain), Fercé, Martigné-Ferchaud, Noyal-sous-Bruc et Villepôt (du doyenné de la Guerche). Nous examinerons, après Bizeul, qui a étudié cette question [2], s'il existe, pour celles de ces paroisses connues avant le xiie siècle, quelques traces de leur changement de territoire.

Bizeul croit retrouver Ercé sous le nom *Heutiacum* dans la charte par laquelle Louis le Gros confirma, en 1123, la possession de l'évêché de Nantes. Il observe que la présence du nom *Heutiacum* à la suite de ceux de Fougeray, de Fercé et de Béré, autorise suffi- samment l'érudit à y voir une mauvaise leçon du nom latin d'Ercé. Cependant, le meilleur argument qu'il invoque à l'appui de la situa- tion primitive de cette paroisse dans le diocèse de Nantes, est certai- nement le surnom *en-la-Mée*, que porte encore le village d'Ercé,

1. « ... Apud Quiriacum Nannetensem episcopum cujus presulatui » ecclesie subjacent omnes inter Cheram et Semenonem fluvios consis- » tentes, inter quas et Bairiensis illa consistit. » Dom Morice, *Preuves*, t. 1, c. 417.)

2. C'est dans son travail intitulé : *Des Nannètes aux époques celtique et romaine* (*Revue des provinces de l'Ouest*, t. 1, 1re partie, p. 365-367), que Bizeul a étudié cette question.

surnom qui semble indiquer, en effet, une ancienne dépendance de cette partie du diocèse de Nantes qui forma, en 851, l'évêché de Gislard.

Messac, village près duquel Renaud, comte de Poitiers et de Nantes, défit Noménoé en 843, est placé, par la Chronique de Nantes et par celle de Saint-Brieuc, qui en dérive, dans le territoire de Nantes [1].

Fercé est mentionné, en 1123, sous le nom de *Ferciacum*, dans la charte de Louis le Gros, comme appartenant à l'évêché de Nantes [2].

Pléchâtel est connu dès le ixe siècle ; cependant, une notice de cette époque, conservée dans le Cartulaire de Redon, l'attribue formellement au pays de Rennes [3]. Il nous paraît difficile d'admettre avec M. Bizeul que, le Cartulaire de Redon n'étant pas antérieur au xiie siècle, « ses rédacteurs ont pu, non-seulement ne pas reproduire » textuellement les actes du ixe siècle, mais aussi y glisser quelques » corrections relativement à des changements survenus depuis et » dont ils avaient pleine connaissance [4]. »

C'est à ces indications que se bornent les renseignements que nous possédons sur les dix paroisses en litige et on nous permettra de conclure, du surnom d'Ercé et de ce que nous savons de Messac et de Fercé, en faveur de la Chronique de Nantes et de la charte de 1062. Nous considérons ainsi le Samnon comme limite commune de la *civitas Namnetum* et de la *civitas Redonum*.

D. — Limite du diocèse d'Angers. — Le seul texte qui nous fasse supposer une variation de limite à l'est du diocèse de Nantes, appartient au *Chronicon Nannetense*. On lit, en effet, dans cette Chronique, qu'en 846, Lambert, comte de Nantes, mis en demeure par Noménoé de vivre en paix avec les Nantais, préféra abandonner son comté et se retira à Craon, à cette époque bourg « du territoire de Nantes, » appartenant au monastère de Saint-Clément de cette ville, gouverné

---

1. Ad Messiacum usque territorii Nannetici pervenit.» (*Chron. Nam.*, chez D. Morice, *Preuves*, c. 180). — « Cum igitur ad Meciacum territorii » Namnetensis, cum suo exercitu pervenisset, ibi obviavit Rainaldo, » comiti Pictaviensi.» (*Chron. Briocense*, chez D. Morice, t. 1, c. 19.)

2. Dom Morice, *Preuves*, t. 1, c. 548.

3. « Hæc carta indicat atque conservat qualiter dedit Salomon, rex » Britanniæ, partem dimidiam Plebis Castel, quæ sita est super fluvium » Visnoniæ, in pago Redonico, sancto Salvatori sanctoque Maxencio. » (*Cartulaire de l'abbaye de Redon*, édition de M. de Courson, p. 194.)

4. *Revue des provinces de l'Ouest*, t. 1, p. 36.

» par Dodo, sœur de Lambert; de là, ajoute la Chronique, il causait
» beaucoup de dommages aux gens des pays voisins [1]. »

Ce passage de la Chronique de Nantes, qui se trouve presque litté-
ralement dans le *Chronicon Briocense* [2], n'a jamais été employé, que
nous sachions, pour la fixation de la limite des Namnètes. Ce ren-
seignement émane, il est vrai, d'une Chronique de la fin du xi° siècle;
mais les termes précis *tunc temporis* indiquent suffisamment que
son rédacteur se rendait parfaitement compte du changement de circonscription qu'il attribuait à la ville de Craon. Nous ne pouvons
toutefois nous résoudre, sur ce seul témoignage, à reculer de vingt
kilomètres environ la limite orientale de l'ancien diocèse de Nantes,
afin de rendre Craon aux Namnètes.

Ainsi donc, et jusqu'à plus ample informé, nous fixerons les limites
de la *civitas Namnetum* de la manière suivante : à l'ouest, l'Océan ;
au nord-ouest, la Vilaine qui la séparait des Vénètes et des Diablintes ; au nord-est, du côté des Redons, le Samnon, affluent de
la Vilaine ; à l'est, la ligne de démarcation des diocèses de Nantes et
d'Angers telle qu'elle subsistait en 1789, et au sud, la Loire, au-delà
de laquelle habitaient les Pictons.

IV.

Civitas Ossismorum.

La situation des *Ossismii* à l'extrémité nord-ouest de la Bretagne
ne peut être l'objet d'un doute; aussi rappellerons-nous seulement que
cette position leur est nettement assignée par Strabon et par Ptolémée.[*]
Suivant le premier de ces géographes, les *Ossismii* confinaient aux
Veneti et habitaient un cap qui, dit-il, s'avance assez loin dans
l'Océan et qu'il désigne sous le nom de *Cabœum* (Καβαιον) [3]. Le

1. « Quibus mandatis, Lambertus nimis pavefactus fugit usque Ciron
» (*lege Craon*), id est Credonem, tunc temporis territorii Nannetici vi-
» cum jure sancti Clementis civitatis Nannetice monasterio pertinentem,
» cui abbatissa hujus Lamberti soror, nomine Doda, presidebat. » (*Chron.
Nannet.*, chez Dom Morice, *Preuves*, c. 139).

2. Dom Morice, *Preuves*, t. 1, c. 22. On lit *usque Craon, id est Credonem* dans le *Chronicon Briocense*.

3. Livre Ier.

promontoire *Gobœum* (Γόϐαιον ἄκρον) est également indiqué par Ptolémée comme l'extrémité des *Ossismii* (Ὀσίσμιοι) qui habitaient la
côte septentrionale de la Lyonnaise [1].

Nous avons dit, en décrivant les limites de la *civitas Corisopitum*, notre sentiment sur la limite méridionale des *Ossismii;* nous
avons constaté, on s'en souvient, l'absence de textes qui autorisent
véritablement à considérer, comme on l'a fait jusqu'ici, la *civitas
Corisopitum* comme une fraction du territoire des *Ossismii;* bien
plus, nous avons cru, à l'aide de César, pouvoir regarder cette *civitas*
comme un démembrement des Vénètes. Mais la question d'origine
de la *civitas Corisopitum*, si grave qu'elle soit, n'a cependant ici
qu'une importance secondaire, car notre but est l'étude des *civitates* du vᵉ siècle, et il faut reconnaître, dès lors, l'autonomie de
Corisopitum.

La *civitas Ossismorum* étant bornée au nord et à l'ouest par
l'Océan et au sud par la *civitas Corisopitum* (diocèse de Cornouaille)
dont les limites ont été esquissées plus haut, il ne nous reste qu'à
fixer la limite orientale de cette cité.

Sanson pensait que le pays des *Ossismii* était représenté, de son
temps, par les diocèses de Saint-Pol-de-Léon, de Tréguier et de
Saint-Brieuc [2]. Cette opinion a été modifiée assez complétement par
les savants qui ont écrit, après lui, sur la géographie des Gaules et
qui se croyant forcés, par diverses raisons, d'attribuer aux *Ossismii*
l'ancien diocèse de Cornouaille, n'osaient y joindre tout le territoire
que leur assignait Sanson. Dès lors, on a incliné à voir dans les
Ossismii les habitants des anciens diocèses de Léon et de Cornouaille [3].
Tout récemment, M. Le Men, se taxant d'une part de l'importance
dont les Vénètes jouissaient, au témoignage de César, parmi les
peuples maritimes de cette région, et n'osant, d'autre part, exclure
entièrement les *Ossismii* du diocèse de Cornouaille, convaincu qu'il
était alors de l'identité de *Vorganium* et de Carhaix, n'a laissé aux
Ossismii que la partie septentrionale de cet évêché, c'est-à-dire
l'archidiaconé de Poher; mais il les indemnise de ce qu'il leur enlève
de ce côté, en leur attribuant presque entièrement le diocèse de
Tréguier, dont la limite orientale ne paraît être que la continuation

---

1. Livre II, c. 8, § 5 de sa géographie.
2. *Remarques sur la carte de l'ancienne Gaule*, verbo Osismii.
3. D'Anville, *Notice de l'ancienne Gaule*, p. 503.

de celle du diocèse de Cornouaille [1]. Quant à nous, on le sait, nous ne pouvons accepter ce compromis entre l'opinion ancienne et l'opinion moderne, compromis qui n'arrive cependant pas à expliquer la grande supériorité des Vénètes sur leurs voisins et le rôle prépondérant qu'ils jouèrent lors de la guerre de l'Armorique contre César, et nous pensons que le territoire des *Ossismii* ne se composait que des diocèses de Léon et de Tréguier. Dans cette hypothèse, la *civitas Ossismorum* aurait eu, à l'est, une limite aussi naturelle qu'au sud, au nord et à l'ouest, car, de ce côté, le Leff, puis le Trieux, séparaient les diocèses de Tréguier et de Saint-Brieuc.

Dès le vᵉ siècle, la *civitas Ossismorum* devint, comme toutes les autres *civitates* de la Gaule, un diocèse ecclésiastique. Nous n'assurerons cependant pas qu'il faille reconnaître un évêque des Ossismiens dans Liberalis ou dans Albinus, ces deux évêques dont on ne connaît pas la résidence et qui figurent parmi les huit prélats qui, en 465, occupaient des sièges épiscopaux dans la province de Tours, l'un et l'autre de ces prélats pouvant être évêque des Diablintes ou de *Corisopitum* aussi bien que des *Ossismii*; mais on doit considérer comme évêque des Ossismiens ce Litharedus qui, en 511, se qualifie *episcopus Oxomensis* au concile d'Orléans, où son nom est suivi de ceux des évêques de Vannes et de Rennes [2]. On a cependant nié ce fait, bien que les récits de la déposition des évêques bretons par Noménoé nous montre l'*episcopatus Oximensis* subsistant jusqu'en 848, alors qu'aucun document du viᵉ siècle au ixᵉ ne mentionne l'évêché de Léon, qu'on prétend remonter à 530 environ. On fait dans ce cas, de Litharedus, un évêque de Séez, contraint sans doute par les circonstances de se réfugier à Exmes, bourgade de son diocèse, dont le nom latin (*Oximæ* ou *Oximi*) est presque identique à celui de la cité qui nous occupe, à Exmes, chef-lieu d'un pagus, *pagus Oximensis* (ou l'Hiémois), qui comprenait la plus grande partie du diocèse de Séez et paraît même s'être étendu sur le diocèse de Bayeux. Les Bénédictins ont adopté cette opinion, sortie probablement du cerveau des érudits normands, et ils placent Litharedus parmi les évêques de Séez, en disant : « Exmes (*Oximus*), ville » très-ancienne, ayant donné son nom aux habitants du pays, il n'y

1. *Revue archéologique*, t. Ier de 1872, p. 49, dans son travail sur *la cité des Ossismii et la cité des Veneti*.

2. Labbe et Cossart, *Sacrosancta Concilia*, t. IV, c. 1410.

» a pas lieu de s'étonner que les plus anciens évêques de Séez aient
» été appelés *episcopi Oximenses*, c'est-à-dire évêque de l'Église des
» Hiémois [1]. » Nous devons cependant constater que leur continua-
teur, M. Hauréau, a su résister, non-seulement au prestige de la
science bénédictine, mais aussi à l'idée dominante aujourd'hui parmi
les meilleurs érudits de la Bretagne, acceptant franchement Litharedus comme l'évêque des *Ossismii* [2].

Il est vraiment étrange que Litharedus ait pu être admis dans les
catalogues des évêchés de Séez à cause de son titre d'*episcopus
Oximensis*. En effet, cette qualification, qui, si elle avait été prise par
les évêques de Séez, les auroit fait confondre avec ceux des *Ossismii*,
ne se retrouve pas attribuée à un évêque résidant certainement dans
l'ancienne *civitas Sagiorum*. On a produit, il est vrai, une charte de
1033 où l'évêque de Séez, Yves, est qualifié *Oxismorum præsul*, et
son évêché, *diocesis Oxismorum* [3]; mais ce témoignage isolé ne prouve
rien autre chose que le peu de solidité de l'érudition dont le clerc
chargé de la rédaction de la charte a voulu faire parade. Le meilleur
argument qu'on puisse opposer à ceux qui voient dans Litharedus
un évêque de Séez est, croyons-nous, la qualification d' « évêque de
Séez » prise par le prélat de cette ville aux conciles d'Orléans de
533, 538, 541 et 549, et au concile de Tours de 567 [4].

Nous avons nié l'existence d'un évêché dit de Léon dans les premiers siècles de l'histoire bretonne, parce qu'en 848 le prélat de cette
région, Liberalis, était encore l'*episcopus Oximensis* [5], et qu'aucun
document antérieur à cette date ne mentionnait l'évêché de Léon. Le
Mémorial du Mont-Saint-Michel montre cependant que Saint-Pol-
de-Léon était considéré comme un des sièges épiscopaux antérieurs

1. *Gallia Christiana*, t. XI, c. 675.
2. *Ibid.*, t. XIV, c. 971.
3. B. de La Martinière, *Le grand Dictionnaire géographique, historique et critique*, t. III de l'édit. de 1768, p. 362, au mot *Hièmes*.
4. L'évêque de Séez est appelé « Passivus, episcopus *Sagiensis*, » au
concile de 533 (Labbe et Cossart, *Sacrosancta Concilia*, t. IV, c. 1783);
« Passivus, episcopus ecclesiæ *Sagiensis*, » à celui de 538 (*ibid.*, t. V,
c. 304); « Passivus,... episcopus civitatis *Sagensis*, » en 541 et en 549
(*ibid.*, t. V, c. 388 et 398); Leudebaudis,... episcopus civitatis *Sagensis*,
en 567 (*ibid.*, t. V, c. 805).
5. Voyez le Mémorial du Mont-Saint-Michel, dans Sirmond (*Opera
varia*, t. III, c. 400-410), et le *Chronicon Namnetense*, qui le reproduit presque textuellement, chez Dom Morice (*Preuves*, t. Ier, p. 140).

à 848, et, par conséquent, comme le siége de l'évêque ossismien [1]. Nous ne doutons pas que saint Paul Aurélien, venu de l'île de Bretagne, suivant les légendaires qui lui donnent le titre d'*episcopus Orismorum* [2], n'ait été l'un des plus proches successeurs de Litharedus; mais nous dirons que l'on a tort de chercher dans les Actes de ce saint, rédigés postérieurement à la révolution ecclésiastique de 848, des renseignements sur l'étendue du diocèse confié aux soins de Paul. En effet, l'hagiographe disant qu'après la consécration épiscopale de saint Paul, « le glorieux roi (Childebert), par » un diplôme solennel, plaça sous l'autorité du nouveau prélat les » pays d'Ach et de Léon avec un revenu en rapport avec sa dignité [3], » l'hagiographe, croyons-nous, n'emploie ces expressions de « pays » d'Ach et de Léon » que parce que ces divisions territoriales composaient, au temps où il écrivait, le pays soumis à l'autorité des successeurs de saint Paul, et il ne songeait pas que Noménoé, en augmentant le nombre des évêchés de la Bretagne septentrionale, avait nécessairement démembré les anciens évêchés bretons.

L'emplacement de la capitale des *Ossismii* est encore à résoudre. Elle portait au IIe siècle, on le sait par Ptolémée, le nom de *Vorganium*, qu'elle quitta vers la fin du IVe siècle pour prendre, comme tous les autres chefs-lieux des cités de Gaule, le nom du peuple qui l'habitait. Au XVIe siècle, on la plaçait tout-à-fait conjecturalement à Guingamp ou à Tréguier, et ces opinions comptaient encore des partisans au XVIIIe siècle [4]. A la fin du XVIe siècle, d'Argentré fit surgir

1. Le rédacteur du Mémorial du Mont-Saint-Michel dit, en effet, que Noménoé établit sept siéges épiscopaux dans ses États, et que les trois nouveaux siéges épiscopaux furent placés dans les monastères de Dol, de Saint-Brieuc et de Tréguier, et qu'il laissa les quatre autres dans les anciennes villes épiscopales : « Quorum apud Dolum monasterium unum » constituit, quam archiepiscopus fieri decrevit. Monasterium vero S.- » Brioci sedem constituit episcopalem. Similiter etiam S.-Pabutuali. Hos » tres usurpatitios episcopos instituit, *ceteris quatuor in antiquis ur-* « *bibus derelictis.* »

2. Cette qualification lui est donnée, tout au moins, par l'auteur de la Vie de saint Gildas publiée dans les *Acta Sanctorum ordinis sancti Benedicti*, t. 1, p. 140.

3. « Cui (Paulo) benedicto, statim rex gloriosus (Childebertus) Agnen- » sem, Leonensemque pagos, cum sibi debito reditu, regiæ auctoritatis » præcepto tradidit. » (*Acta Sanctorum*, t. II de mars, p. 119).

4. Voyez sur ce sujet le travail de M. Bizeul : *Des Osismii*, où sont énumérées (p. 120-121 de la 2e partie du tome IV du *Bulletin de l'As-*

la candidature de Coz-Guéodet, adoptée par Sanson. Enfin, c'est d'Anville qui le premier, croyons-nous, en identifiant *Vorganium* et le *Vorgium* de la Table de Peutinger, et en se taxant des vestiges qui dénotent l'importance de Carhaix à l'époque romaine, attribua à *Vorganium* l'emplacement de cette ville. Sur cette question, comme sur beaucoup d'autres, les savants postérieurs se sont rangés à son avis ; cependant, Walckenaër en partant du même principe que d'Anville, c'est-à-dire en cherchant à fixer l'emplacement de *Vorganium* par celui de *Vorgium*, arrive à le placer à Concarneau ou plutôt à un écart de cette commune, Kervoguen, nom qu'il écrit *Kererguen*, pour le rapprocher davantage de celui de *Vorganium* [1]. Nous ne mentionnons que pour mémoire l'opinion de M. de Kerdanet, qui, trouvant dans la commune de Plounéventer (Finistère), un terrain assez étendu couvert de débris d'habitations gallo-romaines, prétendit avoir trouvé les ruines de l'*Occismor* des légendes [2]. Il fondait son sentiment sur le fait, contesté d'ailleurs, que ce lieu était désigné en breton sous le nom d'*Oc'harmor*, base on ne peut plus fragile, puisque les deux dénominations n'ont pas un rapport intime, et qu'en outre *Occismor* n'a jamais été le nom d'une ville. Cette appellation est, en effet, formée du génitif d'*Ossismii* (*Ossismorum*), et il n'est pas plus raisonnable de donner à la capitale des *Ossismii* le nom d'*Ossismorum*, qu'il ne le serait, par exemple, de désigner la ville principale des *Remi* sous le nom de *Remor* (*urbs Remorum*). Enfin, de nos jours, M. Halléguen a montré quelque préférence pour l'établissement romain de la baie de Douarnenez, en s'appuyant de la situation maritime que semble impliquer le nom de *Vorganium* [3].

L'étendue de territoire que nous assignons à la *civitas Ossismorum* nous autorise à rejeter, tout d'abord, celles de ces conjectures qui tendent à placer *Vorganium* dans le diocèse de Cornouaille (*civitas Corisopitum*): la capitale des *Ossismii* ne peut être cherchée à Carhaix, Concarneau et Douarnenez. Il ne reste donc en lice que Guin-

---

sociation bretonne, les diverses opinions qui ont eu cours sur la situation de la ville des *Ossismii*.

1. Walckenaër, *Géographie ancienne historique et comparée des Gaules*, t. III, p. 58.

2. Voyez, sur la prétendue ville d'Occismor de M. de Kerdanet, la nouvelle édition du *Dictionnaire historique et géographique de la province de Bretagne*, d'Ogée, t. 1, p. 502-503.

3. Halléguen, *Les Celtes, les Armoricains, les Bretons*, p. 31-35.

gamp, Tréguier, Plounéventer et Coz-Guéodet. Or, le caractère entièrement conjectural de l'identification de *Vorganium* avec Guingamp et Tréguier nous permettrait seul de les mettre hors du débat,
si la situation de Guingamp, presque à la limite orientale du territoire
que nous attribuons aux *Ossismii* et l'origine monastique de Tréguier
ne les en écartaient déjà. Quant à Plounéventer, personne ne croit
plus aujourd'hui, en Bretagne, à l'*Occismor* de M. de Kerdanet. Inutile
de proposer Saint-Pol-de-Léon, qui, comme Tréguier, doit son origine à un monastère fondé par un moine breton dont il prit le nom.
Il ne nous reste donc que Coz-Guéodet, où l'on voit les ruines d'un
très-important oppidum gallo-romain, et qui, par son nom, peut être
considéré bien plutôt comme le chef-lieu de la *civitas* que comme
un établissement de deuxième ordre. *Coz-Guéodet* a, en effet, dans
la langue bretonne, le sens de *vieille cité*, rendu parfaitement par le
nom latin *Vetus civitas* que lui donne une charte de 1267 [1]. La tradition fait, du reste, de Coz-Guéodet, un très-ancien siége épiscopal [2],
et elle a peut-être raison, car les évêques des *Ossismii* antérieurs à
saint Paul, c'est-à-dire Litharedus et ses prédécesseurs, devaient
résider ailleurs qu'à Saint-Pol-de-Léon, qui ne date, on le sait, que
du vi° siècle. Du reste, nous ferons remarquer que la situation de
Coz-Guéodet dans la commune de Ploulec'h (au diocèse de Tréguier), sur les bords de la mer et près de l'embouchure du Leguer,
semble justifier l'opinion de quelques auteurs qui voient dans
Vorganium un vocable indiquant une position maritime, et que la
latitude assignée par Ptolémée à la ville des *Ossismii* ne permet pas
de chercher ce lieu loin du littoral septentrional de la Bretagne.

1. Dom Morice, *Preuves*, t. 1, c. 1006.
2. Cette tradition existait déjà au xvi° siècle, car d'Argentré dit que
Coz-Guéodet, siége primitif des évêques de Tréguier, fut détruit en 838
par les Normands. (*L'Histoire de la Bretagne*, 1re édition, p. 69). Si la
tradition a quelque fondement, il est presque inutile de faire observer
au lecteur que Coz-Guéodet devait être bien plutôt le chef-lieu de l'évêché des *Ossismii* que celui de Tréguier, dont l'établissement ne remonte
qu'à 848.

V.

Civitas Redonum.

Nous n'avons que fort peu de choses à dire de la *civitas Redonum*, dont la capitale était, dès la première moitié du v° siècle, le siége d'un diocèse ecclésiastique qui devait comprendre tout le territoire de la *civitas*. Il importe cependant de discuter les variations possibles du territoire des *Redones*.

On a, de divers côtés, pensé qu'il importait d'étendre les limites des *Redones* au-delà des limites de l'ancien diocèse de Rennes, en leur attribuant une partie des évêchés de Dol et de Saint-Malo, parce que César nomme deux fois les Redons au nombre des peuples dont le territoire touche à la mer [1]; mais peut-être veut-on trouver chez le conquérant des Gaules une exactitude topographique à laquelle il ne prétendait certainement pas. En effet, si l'on admet l'identité des limites de la *civitas Redonum* et du diocèse de Rennes, on ne peut réellement pas l'accuser d'une bien grave erreur, puisque, à sa limite nord-ouest, le diocèse de Rennes n'est pas éloigné de plus d'une lieue de la mer [2]; cette proximité peut fort bien suffire à expliquer pourquoi César compte les *Redones* parmi les peuples armoricains. Nous ne chercherons donc pas à infirmer sur une telle donnée la corrélation des *civitates* gallo-romaines et des diocèses du moyen-âge.

Au reste, il serait fort difficile de dire ce qui aurait pu provoquer la diminution du territoire dont Rennes était la capitale. M. de La Borderie, qui veut assigner à toutes les anciennes *civitates* de Bretagne des limites naturelles, ce qui, soit dit en passant, ne peut se faire pour les autres parties de la France sans porter atteinte au principe le plus sûr de la reconstitution des *civitates*, M. de La Bor-

---

1. « Ad Venetos, Unellos, Osismios, Curiosolitas, Sesuvios, Aulercos, » Rhedones, quæ sunt maritimæ civitates Oceanumque attingunt.... » (*Comm. de bello gallico*, l. II, c. 34). — « Universis civitatibus, quæ » Oceanum attingunt, quæque eorum consuetudine Armoricæ appellan- » tur, quæ sunt in numero Curiosolites, Rhedones, Ambibari, Caletes, » Ossismii, Lemovices, Veneti, Unelli. » (*Ibid.*, l. VII, c. 75).

2. L'extrémité du finage de Sougéal, paroisse du diocèse de Rennes, n'est pas, en effet, à une plus grande distance de la mer, à laquelle le relie le cours du Couesnon.

derie, disons-nous, indique comme limite occidentale des *Redones* le cours de la Vilaine, puis celui du Meu et enfin celui de la Rance [1]. Il arrive de la sorte à attribuer aux *Redones* le rang de nation maritime, en englobant dans la *civitas Redonum* le diocèse de Dol et une partie de celui de Saint-Malo, et il explique la séparation de ces derniers territoires par le fait, avéré suivant lui, « que le paganisme » subsista compacte et vivace jusque dans la seconde moitié du » VIe siècle [1]. » Mais tout ceci n'est qu'une pure conjecture émise par un érudit qui prend au pied de la lettre les paroles de César.

Nous avons cependant constaté, en parlant de la *civitas Namnetum*, une rectification de la limite commune des anciens diocèses de Rennes et de Nantes. Cette limite paraît avoir été originairement formée par le Samnon, affluent de la Vilaine, et ce serait postérieurement au XIe siècle qu'on aurait annexé au diocèse de Rennes les paroisses de Bain, Ercé, Forcé, Martigné-Ferchaud, Messac, Noyal-sous-Bruc, Pléchâtel, Saint-Sulpice des Landes, Teillé et Villepôt, situées sur la rive gauche du Samnon et comprises, avant la Révolution, dans les doyennés de Bain et de la Guerche.

VI.

Civitas Venetum.

La *civitas Venetum* avait certainement, à l'époque de la conquête, un territoire plus étendu que l'ancien diocèse de Vannes; s'il en était autrement, on ne comprendrait pas la suprématie des Vénètes, maîtres de la plus grande partie des ports de la péninsule armoricaine, sur tous les autres peuples de la région, suprématie indiquée par César lui-même en termes formels [2]. Nous n'avons pas cru exagérer la pensée de l'historien, en regardant la *civitas Corisopitum*, qui ne paraît pas avant la fin du IVe siècle, comme un démembrement de la *civitas Venetum* primitive; nous avons montré, du reste, que d'autres peuples gaulois importants formèrent par la suite plusieurs *civitates*.

1. *Annuaire hist. et archéol. de la Bretagne*, ann. 1862, p. 116-117.
2. Nous avons reproduit les paroles de César au chap. 1er de cette seconde partie.

La *ciritas Venetum* du v⁰ siècle nous paraît parfaitement représentée par le diocèse de Vannes, qui, presque de tous côtés, était borné par des cours d'eau. C'étaient l'Ellé, le Blavet et un affluent de cette rivière vers le diocèse de Quimper; l'Oust, vers l'évêché de Saint-Brieuc, l'Oust, qui formait en outre à peu près la moitié de la limite du diocèse de Vannes et de Saint-Malo; enfin, la Vilaine vers le diocèse de Nantes.

Nous avons dit, en parlant de la *ciritas Namnetum*, que, dans la seconde moitié du ix⁰ siècle, l'évêque de Vannes joignit à son diocèse une notable partie de celui de Nantes, la partie dans laquelle Gislard avait continué d'exercer les droits épiscopaux après la mort de Noménoé; mais, vers le commencement du x⁰ siècle, Foucher, évêque de Nantes, recouvra ce territoire qui forma, jusqu'à la Révolution, l'archidiaconé de la Mée. En dehors de ce fait, nous ne trouvons aucune trace de variation, même temporaire, de l'évêché de Vannes.

On ne peut, en effet, croire avec l'abbé Gallet, d'après la Vie de saint Melaine, que Comblessac, paroisse du diocèse de Saint-Malo limitrophe de celui de Vannes, dépendait au v⁰ siècle de l'évêché de Vannes [1]; car quand même il serait prouvé qu'Eusèbe, qualifié *rex Venensis* par la Vie de saint Melaine, dominât sur tout le pays des Vénètes, il n'en résulterait pas que Comblessac, où ce chef, venant avec une armée, fit crever les yeux et couper les mains à un grand nombre de malheureux habitants, fît partie de ce pays. Comme le remarque fort justement M. de La Borderie, « cet appareil militaire » et cette exécution barbare dénotent moins l'autorité d'un souverain » légitime et naturel que la violence irritée d'un conquérant ». Quoi qu'il en soit, il est certain que, même avant le règne de Noménoé et l'érection des nouveaux diocèses bretons, la limite du diocèse de Vannes vers Comblessac était la même qu'en 1789, puisque Guer, paroisse limitrophe de Comblessac, ainsi que d'autres paroisses voisines de l'évêché de Vannes, Guillac par exemple, étaient desservies dès le ix⁰ siècle par l'évêque du monastère d'Alet, auxiliaire de l'évêque de Dol [3].

1. Gallet, *Mémoires sur l'établissement des Bretons*, dans Dom Morice, *Histoire de Bretagne*, t. 1, p. 0.
2. *Annuaire histor. et archéol. de Bretagne*, année 1801, p. 97.
3. C'est ce que M. de La Borderie a établi d'après le Cartulaire de Redon. (*Annuaire histor. et archéol. de Bretagne*, ann. 1862, p. 107).

TABLE.

PAGES.

Introduction... 1

PREMIÈRE PARTIE.

I. — Du nombre des civitates de la péninsule armoricaine et de leurs
noms.... 1
II. — La province ecclésiastique de Tours, en 648.................. 8
III.— La théorie des Evêchés bretons........................... 11
IV. — Le désert armoricain..................................... 17
V. — Les Evêchés gallo-romains de la péninsule................. 20

DEUXIÈME PARTIE.

I. — Civitas Corisopitum.................................... 28
II. — Civitas Diablintum.................................... 34
III.— Civitas Namnetum...................................... 42
IV. — Civitas Ossismorum.................................... 49
V. — Civitas Redonum........ 56
VI. — Civitas Venetum. 57

SAINT-BRIEUC. — IMPRIMERIE GUYON FRANCISQUE, RUE SAINT-GILLES.

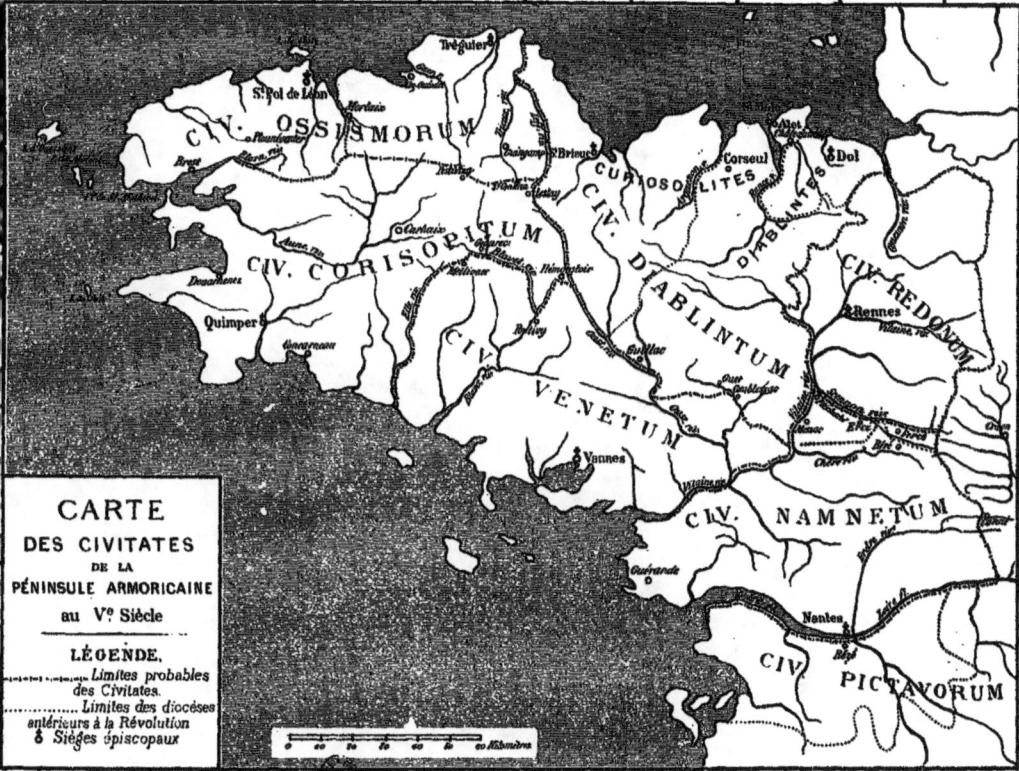

CARTE
DES CIVITATES
DE LA
PÉNINSULE ARMORICAINE
au Vᵉ Siècle

LÉGENDE,
.—.—.— Limites probables
des Civitates.
.... Limites des diocèses
antérieurs à la Révolution
☦ Sièges épiscopaux

CIV. OSSISMORUM

CIV. CORISOPITUM

CIV. CURIOSOLITES

CIV. D'ABLINTUM

CIV. REDONUM

DIABLINTES

VENETUM

CIV. NAMNETUM

CIV. PICTAVORUM

S.ᵗ Pol de Léon
Tréguier
Morlaix
S.ᵗ Brieuc
Corseul
Dol
Quimper
Vannes
Rennes
Guérande
Nantes

A. Longnon del.

Lith. Thierry à Paris

www.ingramcontent.com/pod-product-compliance
Lightning Source LLC
LaVergne TN
LVHW022130080426
835511LV00007B/1095